TOGAF® Versão 9.1 – Um Guia de Bolso

The Open Group Publicações disponíveis pela Van Haren Publishing

Séries TOGAF:
TOGAF® Version 9.1
TOGAF® Version 9.1 – A Pocket Guide
TOGAF® 9 Foundation Study Guide, 2nd Edition
TOGAF® 9 Certified Study Guide, 2nd Edition

Séries The Open Group:
Cloud Computing for Business – The Open Group Guide
Archimate® 2.0 Specification

Séries The Open Group Security:
Open Information Security Management Maturity Model (O-ISM3)
Open Enterprise Security Architecture (O-ESA)
Risk Management – The Open Group Guide

Todos os títulos estão disponíveis para compra nos sites:
www.opengroup.org
www.vanharen.net
e também em diversos distribuidores internacionais e on-line.

TOGAF® Versão 9.1
Um Guia de Bolso

Título:	TOGAF® Versão 9.1 – Um Guia de Bolso
Uma publicação:	The Open Group
Autores:	Andrew Josey Tom van Sante Rachel Harrison Mike Turner Paul Homan Paul van der Merwe Matthew F. Rouse
Versão Brasileira Agradecimentos	Roberto Severo: Gerenciamento do Projeto de Tradução, Tradução, Controle de Qualidade e Revisão Isabela Abreu: Tradução, Controle de Qualidade e Revisão Final Paola Coutinho: Tradução, Controle de Qualidade Marcelo Bassous: Controle de Qualidade e Revisão
Publisher:	Van Haren Publishing, Zaltbommel, www.vanharen.net
ISBN Hard copy:	978 90 8753 709 8
ISBN eBook:	978 90 8753 814 9
Edição:	Primeira edição, primeira impressão Maio 2013
Layout and design de capa:	CO2 Premedia, Amersfoort-NL
Impressão:	Wilco, Amersfoort – NL
Copyright:	© 2008 - 2013 The Open Group Todos os direitos reservados

Nenhuma parte desta publicação pode ser reproduzida, armazenada em um sistema de busca, ou transmitida, sob qualquer forma ou por qualquer meio, eletrônico, mecânico, fotocópia, gravação ou outra forma, sem a prévia autorização do proprietário dos direitos autorais.

As opiniões expressas neste documento não são necessariamente as de qualquer determinado membro do The Open Group.

Em caso de qualquer discrepância entre o texto deste documento e a documentação oficial do TOGAF, a documentação TOGAF continua a ser a versão oficial para certificação, teste, exame e outros fins. A documentação oficial do TOGAF pode ser obtida on-line no site www.opengroup.org/togaf.

TOGAF® Versão 9.1
Um Guia de Bolso
Número do Documento: G117

As observações sobre o material contido neste documento podem ser enviadas para:

The Open Group
Apex Plaza, Forbury Road
Reading
Berkshire, RG1 1AX
United Kingdom

Ou por mensagem eletrônica para: ogspecs@opengroup.org

Conteúdo

Prefácio	10
Marcas Comerciais	15
Sobre os Autores	16
Agradecimentos	19

Capítulo 1 Introdução — 21

1.1 Introdução ao TOGAF	21
1.2 Estrutura do Documento TOGAF	22
1.3 O que é Arquitetura no Contexto do TOGAF?	23
1.4 Que tipos de Arquitetura o TOGAF trata?	23
1.5 O que o TOGAF contém?	24
1.5.1 O Método de Desenvolvimento de Arquitetura (ADM – Architecture Development Method)	25
1.5.2 Técnicas e Orientações do ADM	26
1.5.3 Framework de Conteúdo de Arquitetura	27
1.5.4 O Continuum Corporativo	27
1.5.5 Modelos de Referência do TOGAF	27
1.5.6 O Framework de Capacidade de Arquitetura	28

Capítulo 2 O Método de Desenvolvimento da Arquitetura (ADM – Architecture Development Method) — 29

2.1 O que é o ADM?	29
2.2 Quais são as fases do ADM?	30
2.3 O ADM em Detalhe	33
2.3.1 Fase Preliminar	33
2.3.2 Fase A: Visão da Arquitetura	35
2.3.3 Fase B: Arquitetura de Negócio	36
2.3.4 Fase C: Arquitetura de Sistemas de Informação	37
2.3.5 Fase D: Arquitetura de Tecnologia	41

2.3.6	Fase E: Oportunidades e Soluções	42
2.3.7	Fase F: Planejamento da Migração	44
2.3.8	Fase G: Governança da Implementação	45
2.3.9	Fase H: Gerenciamento de Mudança na Arquitetura	46
2.3.10	Gerenciamento de Requisitos	47
2.4	O Escopo da Atividade de Arquitetura	49

Capítulo 3 Principais Técnicas e Entregáveis do Ciclo do ADM — 51

3.1	Framework de Arquitetura Customizado	53
3.2	Modelo Organizacional para Arquitetura Corporativa	55
3.3	Princípios de Arquitetura	55
	3.3.1 Desenvolvendo Princípios de Arquitetura	56
	3.3.2 Definindo Princípios de Arquitetura	56
	3.3.3 Qualidades de Princípios	58
	3.3.4 Aplicando os Princípios de Arquitetura	59
3.4	Princípios, Objetivos, e Motivadores de Negócio	61
3.5	Repositório de Arquitetura	61
3.6	Ferramentas de Arquitetura	62
3.7	Requisição para Trabalho de Arquitetura	62
3.8	Declaração de Trabalho da Arquitetura	63
3.9	Visão da Arquitetura	63
3.10	Gerenciamento das Partes Interessadas (Stakeholders)	64
	3.10.1 Passos do Processo de Gerenciamento das Partes Interessadas	65
3.11	Planejamento de Comunicação	68
3.12	Avaliação da Prontidão para Transformação do Negócio	68
3.13	Avaliação de Capacidades	69
3.14	Gerenciamento de Risco	71
3.15	Documento de Definição da Arquitetura	72
	3.15.1 Arquitetura de Negócio	73
	3.15.2 Arquiteturas de Sistemas de Informação	74

	3.15.3	Arquitetura de Tecnologia	75
3.16	Especificação de Requisitos de Arquitetura		76
	3.16.1	Requisitos de Arquitetura de Negócio	77
	3.16.2	Requisitos da Arquitetura de Sistemas de Informação	77
	3.16.3	Requisitos da Arquitetura de Tecnologia	78
	3.16.4	Requisitos de Interoperabilidade	78
3.17	Roteiro (Roadmap) de Arquitetura		78
3.18	Cenários de Negócio		79
3.19	Análise de Diferenças (Gap Analysis)		81
3.20	Pontos de Vista de Arquitetura		83
3.21	Visões de Arquitetura		86
	3.21.1	Desenvolvendo Visões no ADM	86
3.22	Blocos de Construção de Arquitetura		86
3.23	Blocos de Construção de Solução		87
3.24	Planejamento Baseado em Capacidades		88
3.25	Técnicas de Planejamento da Migração		89
	3.25.1	Avaliação do Fator de Implementação e Matriz de Dedução	89
	3.25.2	Diferenças (Gaps) Consolidadas, Soluções e Matriz de Dependências	90
	3.25.3	Tabela de Incrementos de Definição da Arquitetura	91
	3.25.4	Tabela de Evolução do Estado da Arquitetura de Transição	92
	3.25.5	Técnica de Avaliação de Valor de Negócio	93
3.26	Planejamento de Migração e Implementação		94
3.27	Arquitetura de Transição		95
3.28	Modelo de Governança de Implementação		96
3.29	Contratos de Arquitetura		97
3.30	Requisição de Mudança		99
3.31	Avaliação da Conformidade		100
3.32	Avaliação do Impacto de Requisitos		100

Capítulo 4 Orientações para Adaptar o ADM — 103

4.1 Introdução — 103
4.2 Aplicando Iteração ao ADM — 105
4.3 Aplicando o ADM em todo o Panorama de Arquitetura — 111
4.4 Arquitetura de Segurança e o ADM — 113
4.5 Usando o TOGAF para Definir e Governar Arquiteturas Orientadas a Serviços (SOA) — 114
    4.5.1 Utilizando TOGAF para SOA — 116

Capítulo 5 Framework de Conteúdo de Arquitetura — 119

5.1 Visão Geral do Framework de Conteúdo de Arquitetura — 119
5.2 Metamodelo de Conteúdo — 122
    5.2.1 Núcleo e Extensões — 122
    5.2.2 Catálogos, Matrizes e Diagramas — 124
5.3 Artefatos de Arquitetura — 124
5.4 Entregáveis de Arquitetura — 128
5.5 Blocos de Construção — 128

Capítulo 6 O Continuum Corporativo — 131

6.1 Visão Geral do Continuum Corporativo — 131
    6.1.1 O Continuum Corporativo e a Reutilização de Arquitetura — 133
    6.1.2 Usando o Continuum Corporativo no ADM — 133
6.2 Particionamento da Arquitetura — 134
6.3 Repositório de Arquitetura — 135
    6.3.1 O Repositório Corporativo — 138

Capítulo 7 Modelos de Referência do TOGAF — 139

7.1 Arquitetura de Fundação do TOGAF — 139
    7.1.1 Modelo de Referência Técnica (MRT) — 139
7.2 Modelo de Referência de Infraestrutura de Informações Integrada (III-RM) — 139

Capítulo 8	**Framework de Capacidade de Arquitetura**	**143**
8.1	Estabelecendo uma Capacidade de Arquitetura	145
8.2	Governança da Arquitetura	145
8.3	Comitê de Arquitetura	146
8.4	Conformidade da Arquitetura	147
8.5	Framework de Competências de Arquitetura	149

Apêndice A:	**Resumo de Migração**	**151**
A.1	Resumo das Alterações entre o TOGAF 8.1.1 e o TOGAF 9.1	151
A.2	Resumo das Alterações entre o TOGAF 9 e o TOGAF 9.1	161

Glossário   165

Prefácio

Este Documento

Este é o Guia de Bolso do TOGAF®, um Padrão do Open Group, Versão 9.1. Destina-se a auxiliar os arquitetos para que se concentrem em operações eficientes e eficazes de suas organizações e para que gerentes seniores compreendam as noções básicas do The Open Group Architecture Framework (TOGAF). Ele é organizado da seguinte forma:

- Capítulo 1: fornece uma visão de alto nível do TOGAF, arquitetura corporativa, conteúdos e conceitos chaves do TOGAF.
- Capítulo 2: fornece uma introdução ao Método de Desenvolvimento da Arquitetura (ADM), o método que o TOGAF fornece para desenvolver arquiteturas corporativas.
- Capítulo 3: fornece uma visão geral das principais técnicas e entregáveis do ciclo ADM.
- Capítulo 4: fornece uma visão geral das orientações para adaptar o ADM.
- Capítulo 5: fornece uma introdução ao Framework de Conteúdo de Arquitetura, um metamodelo estruturado para artefatos de arquitetura.
- Capítulo 6: fornece uma introdução para o Continuum Corporativo, um conceito de alto nível que pode ser usado com o ADM para desenvolver uma arquitetura corporativa.
- Capítulo 7: fornece uma introdução aos Modelos de Referência do TOGAF, incluindo a Arquitetura de Fundação do TOGAF e o Modelo de Referência de Infraestrutura de Informação Integrada (III-MR).
- Capítulo 8: fornece uma introdução ao Framework de Capacidade de Arquitetura, um conjunto de recursos estipulados para a criação e o funcionamento de uma função de arquitetura em uma organização.
- Apêndice A: fornece uma visão geral das diferenças entre TOGAF 9.1 e TOGAF 8.1.1 e também um sumário das mudanças entre o TOGAF 9 e TOGAF 9.1.

O público-alvo deste documento é:
- Arquitetos corporativos, arquitetos de negócios, arquitetos de TI, arquitetos de dados, arquitetos de sistemas, arquitetos de soluções e gerentes seniores que procuram uma primeira introdução ao TOGAF

Não é necessário ter conhecimento prévio de arquitetura corporativa para compreender este documento. Após a leitura deste documento, o leitor que estiver buscando maiores informações deverá consultar a documentação do TOGAF disponível on-line no site www.opengroup.org/architecture/togaf9-doc/arch, também disponível como livro impresso.

Sobre TOGAF Versão 9.1

TOGAF 9.1 é uma atualização do TOGAF 9 que inclui os comentários que surgiram desde sua introdução em 2009. Ela mantém as principais características e estrutura do TOGAF 9, incluindo:

Estrutura modular: TOGAF 9 tem uma estrutura modular. Ela possibilita:
- Maior facilidade de uso – propósito definido para cada parte; podendo ser utilizada isoladamente como um conjunto de orientações independentes
- Adoção gradativa da especificação do TOGAF

Framework de Conteúdo: TOGAF 9 inclui um framework de conteúdo para levar maior consistência aos resultados criados quando da aplicação do Método de Desenvolvimento da Arquitetura (ADM). O framework de conteúdo do TOGAF fornece um modelo detalhado de produtos do trabalho de arquitetura.

---

1 The Open Group Architecture Framework (TOGAF), Version 9 Enterprise Edition (ISBN: 978-90-8753-094-5, G091v); refere-se a www.opengroup.org/bookstore/catalog/g091v.htm.

Orientação Adicional: TOGAF 9 apresenta um extenso conjunto de conceitos e orientações, para apoiar a criação de uma hierarquia integrada de arquiteturas em desenvolvimento por equipes de grandes organizações que operam dentro de um modelo de Governança da Arquitetura universal. Em particular são introduzidos os seguintes conceitos:

- Partição: um número de técnicas e considerações sobre como dividir as diferentes arquiteturas dentro de uma corporação.
- Repositório de Arquitetura: um modelo lógico de informações para um Repositório de Arquitetura, o qual pode ser usado como um depósito integrado para todas as saídas criadas na execução do ADM.
- Framework de Capacidade: uma definição estruturada de organização, competências, papéis e responsabilidades necessárias para operar uma capacidade de arquitetura corporativa eficaz. O TOGAF também fornece orientações sobre um processo que pode ser seguido para identificar e estabelecer uma capacidade de arquitetura apropriada.

Estilos de Arquitetura: o TOGAF 9, na Parte III: Orientações & Técnicas para ADM, reúne um conjunto de materiais de apoio que mostram em detalhes como o ADM pode ser aplicado em situações específicas, tais como:

- Os diferentes usos da repetição que são possíveis dentro do ADM e quando cada técnica deve ser aplicada
- A relação entre o TOGAF ADM e Arquitetura Orientada a Serviço (SOA)
- As considerações específicas necessárias para abordar a arquitetura de segurança dentro do ADM
- Os vários tipos de desenvolvimento de arquitetura necessários em uma organização e como estes se relacionam entre si

Detalhes Adicionais do ADM: o TOGAF 9 inclui informações adicionais detalhadas sobre as versões anteriores do TOGAF para apoiar a execução do ADM. As áreas aprimoradas são:
- A fase Preliminar apresenta orientação adicional sobre como estabelecer uma capacidade de arquitetura corporativa e planejamento para o desenvolvimento da arquitetura.
- As fases de Oportunidades e Soluções e Planejamento da Migração apresentam um método detalhado e robusto para a definição e planejamento da transformação corporativa.

Convenções Utilizadas neste Documento

As seguintes convenções são usadas ao longo deste documento para ajudar a identificar informações importantes e evitar confusão sobre o significado pretendido:
- Reticências (…)
  Indicam uma continuação; tal como uma lista incompleta de exemplos, ou de uma continuação do texto anterior.
- **Negrito**
  Usado para destacar termos específicos.
- *Itálico*
  Usado para dar ênfase. Também pode se referir a outros documentos externos.

Sobre o The Open Group

The Open Group é um consórcio global que possibilita a realização de objetivos de negócio através de padrões de TI. Com mais de 400 organizações como membros, The Open Group possui várias categorias de afiliação que compreendem todos os setores da comunidade de TI – clientes, fornecedores de sistemas e soluções, fornecedores de

ferramentas, integradores e consultores, bem como acadêmicos e pesquisadores – para:
- Capturar, entender e endereçar as necessidades atuais e emergentes, estabelecer políticas e compartilhar melhores práticas
- Facilitar interoperabilidade, desenvolver consenso, fazer evoluir e integrar especificações e tecnologias "open source"
- Oferecer um abrangente conjunto de serviços para aumentar a eficiência operacional de consórcios
- Operacionalizar o mais importante serviço de certificação da indústria

Mais informações sobre The Open Group estão disponíveis em www.opengroup.org.

O The Open Group publica uma ampla variedade de documentação técnica, a maioria das quais é focada no desenvolvimento de Padrões e Guias do Open Group, mas que também inclui white papers, estudos técnicos, certificação e documentação de teste e títulos de negócios. Todos os detalhes e um catálogo estão disponíveis em www.opengroup.org/bookstore.

Os leitores devem notar que as atualizações - na forma de Errata - podem ser aplicadas a qualquer publicação. Esta informação é publicada no site www.opengroup.org/corrigenda.

Marcas Comerciais

Boundaryless Information Flow™ é uma marca registrada e ArchiMate®, Jericho Forum®, Making Standards Work®, Motif®, OSF/1®, The Open Group®, TOGAF®, UNIX® e o emblema "X" são marcas registradas do The Open Group nos Estados Unidos e em outros países.

As demais marcas, organizações e nomes de produtos são usados neste documento somente para fins de identificação e podem ser marcas comerciais de propriedade exclusiva de seus respectivos proprietários.

Sobre os Autores

Andrew Josey, The Open Group

Andrew Josey é Diretor de Padrões no The Open Group. Está atualmente gerenciando o processo de padrões para The Open Group e recentemente conduziu os projetos de desenvolvimento de padrões do TOGAF 9 e 9.1, IEEE Std 1003.1-2008 (POSIX) e as principais especificações da "Single UNIX Specification" Versão 4. Anteriormente, ele conduziu o desenvolvimento e operação de muitos dos projetos de desenvolvimento de certificação do The Open Group, incluindo programas de certificação para o sistema UNIX, para o Linux Standard Base, TOGAF e IEEE POSIX. Ele é um membro do IEEE, USENIX, UKUUG e da Associação de Arquitetos Corporativos.

Professora Rachel Harrison, Oxford Brookes University

Rachel Harrison é Professora de Ciência da Computação no Departamento de Computação e Tecnologias de Comunicação na Universidade de Oxford Brookes. Anteriormente, ela foi Professora de ciência da computação, Chefe do Departamento de Ciência da Computação e Diretora de Pesquisa para a Escola de Engenharia de Sistemas na Universidade de Reading. Seus interesses de pesquisa incluem evolução dos sistemas, métricas de software, requisitos de engenharia, arquitetura de software, usabilidade e teste de software. Já publicou mais de 100 artigos trabalhando com empresas como IBM, DERA, Philips Research Labs, Praxis Critical Systems e The Open Group. Editora-chefe do Jornal Qualidade de Software, publicado pela Springer. É autora dos guias de estudo para o programa de certificação TOGAF 9.

Paul Homan, IBM

Paul Homan é Consultor de Estratégia de Tecnologia no Global Business Services da IBM. Ele é Certificado Master em Arquitetura de TI, especializado em arquitetura corporativa com experiência de mais de 20 anos em TI. Fortemente envolvido e especialista nas áreas de arquitetura, estratégia, autoridade em design e governança, Paul está particularmente interessado na liderança de arquitetura corporativa, gerenciamento de requisitos e arquitetura de negócio. Ingressou na IBM como usuário final, tendo trabalhado como Arquiteto Chefe no Post Office do Reino Unido e Royal Mail. Ele não apenas estabeleceu práticas de arquitetura corporativa, como também conviveu com os resultados! Desde seu ingresso na IBM, Paul tem dedicado seu tempo tanto esclarecendo seus clientes sobre a potencialidade da arquitetura como também conduzindo ativamente os esforços de Arquitetura em projetos de grandes clientes. Paul também tem sido um líder na construção de capacidades da IBM sobre Arquitetura Corporativa e TOGAF.

Matthew F. Rouse, Hewlett-Packard
Matthew Rouse é Arquiteto Corporativo na HP Enterprise Services, tem mais de 20 anos de experiência na área de TI/SI em desenvolvimento de aplicativos, arquitetura do sistema, arquitetura corporativa e estratégia. Ele apresenta uma experiência em planejamento estratégico de TI e arquitetura, para garantir que Corporações alinhem seus investimentos em TI com os objetivos de negócios. Matthew tem a credencial CITP da BCS - British Computer Society The Chartered Institute for IT, sendo seu membro, Certificado Mestre em Arquitetura de TI e membro do IEEE Computer Society.

Tom van Sante, KPN/Getronics
Tom van Sante é Consultor-chefe e Diretor de Programa para KPN / Getronics. Ele começou sua carreira em TI há mais de 30 anos, depois de estudar arquitetura na Universidade Técnica de Delft. Trabalhando em uma variedade de funções, de operações a gerenciamento, ele sempre tem operado nas entre negócios e TI. Ele esteve envolvido na introdução e no desenvolvimento do ITIL/ASL/BiSL nos Países Baixos. Tom van Sante trabalhou em inúmeras iniciativas para governo e indústria,

aconselhando sobre a utilização de TI na sociedade moderna. Ele foi responsável pela introdução e desenvolvimento do TOGAF dentro da KPN/Getronics.

Mike Turner, Nokia

Mike Turner liderou o empenho da Capgemini no desenvolvimento do TOGAF Versão 9 e também trabalhou na principal equipe que desenvolveu o SAP Enterprise Architecture Framework (uma iniciativa conjunta entre a Capgemini e SAP). Atualmente, trabalha como Arquiteto Corporativo na Nokia.

Paul van der Merwe, Business Connexion

Paul van der Merwe, Gerente da Unidade de Negócio na Business Connexion, é um dos mais dinâmicos e perspicazes profissionais de arquitetura da África do Sul. Um pensador conceitual, ele tem conduzido uma série de avanços nos domínios nos quais se especializou, entre eles: o desenvolvimento de software, business intelligence, gerenciamento de ICT e arquitetura corporativa. A abordagem fundamental para arquitetura corporativa defendida por ele é a arquitetura corporativa baseada em repositório, que deve ser estabelecida dentro das organizações como uma prática contínua que permite a capacidade de tecnologia e negócio. Ele presta consultoria e treinamento sobre a aplicação do TOGAF e frequentemente faz apresentações sobre arquitetura corporativa em eventos da indústria.

Agradecimentos

The Open Group reconhecidamente agradece aos seguintes:
- Membros antigos e atuais do The Open Group Architecture Forum pelo desenvolvimento do TOGAF
- À Capgemini e SAP pela contribuição de materiais
- Aos seguintes revisores deste documento*:
  - Dave Hornford
  - Bill Estrem
  - Henry Franken
  - Judith Jones
  - Henk Jonkers
  - Mike Lambert
  - Kiichiro Onishi
  - Roger Reading
  - Saverio Rinaldi
  - John Rogers
  - Robert Weisman
  - Nicholas Yakoubovsky

Versão Brasileira Agradecimentos
- Roberto Severo: Gerenciamento do Projeto de Tradução, Tradução, Controle de Qualidade e Revisão
- Isabela Abreu: Tradução, Controle de Qualidade e Revisão Final
- Paola Coutinho: Tradução, Controle de Qualidade
- Marcelo Bassous: Controle de Qualidade e Revisão

---

* N. do T.: revisão do documento original em inglês

Capítulo 1
Introdução

Este capítulo fornece uma introdução ao TOGAF, um Padrão do The Open Group.

Os tópicos abordados neste capítulo incluem:
- Uma introdução ao TOGAF
- TOGAF, sua estrutura e conteúdo
- Os tipos de arquitetura que o TOGAF aborda

1.1 Introdução ao TOGAF

O TOGAF é um framework de arquitetura. Em essência, é uma ferramenta para auxiliar na aceitação, produção, uso e manutenção de arquiteturas. É baseado em um modelo de processo iterativo suportado por melhores práticas e um conjunto reutilizável de ativos de arquiteturas existentes.

O TOGAF é desenvolvido e mantido pelo Fórum de Arquitetura do The Open Group. A primeira versão, desenvolvida em 1995, foi baseada no Framework de Arquitetura Técnica para Gerenciamento da Informação do Departamento da Defesa dos Estados Unidos - US Department of Defense Technical Architecture Framework for Information Management (TAFIM). A partir desta base sólida, o Forum de Arquitetura do The Open Group desenvolveu versões sucessivas do TOGAF em intervalos regulares, e cada uma delas foi publicada no site público do The Open Group.

Este documento compreende o TOGAF Versão 9.1, chamado de "TOGAF" neste documento. TOGAF 9.1 foi primeiramente publicado em dezembro de 2011 e é uma manutenção atualizada do TOGAF 9, que foi publicado em janeiro de 2009. Esta última versão é uma evolução do TOGAF 8.1.1., e uma descrição das mudanças é fornecida no Apêndice A. O TOGAF pode ser usado para desenvolver uma ampla gama de diferentes arquiteturas corporativas. Ele complementa e pode ser usado em conjunto com outros frameworks que estão mais focados em resultados específicos para determinados setores verticais, como Governo, Telecomunicações, Manufatura, Defesa e Finanças. A chave para o TOGAF é o método – o Método de Desenvolvimento da Arquitetura (ADM) – para desenvolver uma arquitetura corporativa que atenda às necessidades do negócio.

1.2 Estrutura do Documento TOGAF

O documento TOGAF é dividido em sete partes, conforme resumido na tabela 1.

Tabela 1: Estrutura do Documento TOGAF

Parte I: Introdução	Fornece uma introdução geral dos principais conceitos de arquitetura corporativa e, em particular, para a abordagem TOGAF. Contém as definições de termos usados por todo o TOGAF e notas de atualização, detalhando as mudanças entre esta versão e a versão anterior.
Parte II: Método de Desenvolvimento da Arquitetura	É o núcleo do TOGAF. Ela descreve o Método de Desenvolvimento da Arquitetura (ADM) – uma abordagem passo a passo para desenvolver uma arquitetura corporativa.
Parte III: Orientações e Técnicas do ADM	Contém um conjunto de orientações e técnicas disponíveis para uso na aplicação do ADM.
Parte IV: Framework de Conteúdo de Arquitetura	Descreve o framework de conteúdo do TOGAF, incluindo um metamodelo estruturado para artefatos de arquitetura, o uso de Blocos de Construção de Arquitetura (BCA) reutilizáveis, e uma visão geral das entregas típicas da arquitetura.
Parte V: Continuum e Ferramentas Corporativas	Discute taxonomias apropriadas e ferramentas para categorizar e armazenar os resultados das atividades de arquitetura em uma corporação.

Parte VI: Modelos de Referência do TOGAF	Fornece dois modelos de arquitetura de referência, ou seja, o Modelo de Referência Técnico do TOGAF (MRT) e o Modelo de Referência de Infraestrutura de Informação Integrada (III-MR).
Parte VII: Framework de Capacidade de Arquitetura	Discute a organização, processos, capacidades, papéis e responsabilidades exigidas para estabelecer e operar a prática de arquitetura dentro de uma organização.

1.3 O que é Arquitetura no Contexto do TOGAF?

A ISO/IEC 42010:2007[2] define "arquitetura" como:

"A organização fundamental de um sistema, incorporado em seus componentes, suas relações entre si e o ambiente e os princípios que orientam a sua concepção e evolução."

O TOGAF adota e estende essa definição. No TOGAF, "arquitetura" tem dois significados, dependendo do contexto:
1. Uma descrição formal de um sistema ou um planejamento detalhado do sistema no nível de componente para orientar a sua execução
2. A estrutura dos componentes, seus inter-relacionamentos, e os princípios e orientações que regem sua concepção e evolução ao longo do tempo

1.4 Que tipos de Arquitetura o TOGAF trata?

O TOGAF abrange o desenvolvimento de quatro tipos de arquitetura. Esses quatro tipos de arquitetura são comumente aceitos como subconjuntos de uma arquitetura corporativa total, para todos os quais o TOGAF é projetado para suportar. Eles são mostrados na Tabela 2.

---

2 ISO/IEC 42010:2007, Systems and Software Engineering – Recommended Practice for Architectural Description of Software-Intensive Systems, Primeira Edição (tecnicamente idêntica a ANSI/IEEE Std 1471-2000).

Tabela 2: Tipos de Arquitetura Suportados pelo TOGAF

Tipo de Arquitetura	Descrição
Arquitetura de Negócio	A estratégia do negócio, governança, organização e principais processos do negócio.
Arquitetura de Dados[3]	A estrutura de ativos de dados lógicos e físicos de uma organização e os recursos de gerenciamento de dados.
Arquitetura de Aplicativos	Um esquema lógico para os aplicativos individuais serem implementados, suas interações e suas relações com os principais processos de negócio da organização.
Arquitetura de Tecnologia	As capacidades lógicas de software e hardware que são necessárias para suportar a implementação de negócios, de dados e de aplicativos de serviço. Isto inclui infraestrutura de TI, middleware, redes, comunicações, processamento e padrões.

1.5 O que o TOGAF contém?

O TOGAF reflete a estrutura e o conteúdo de uma capacidade de arquitetura em uma corporação, como mostrado na Figura 1.

O Método de Desenvolvimento de Arquitetura (documentado na parte II do TOGAF) é central para o TOGAF. A capacidade de arquitetura (documentada na parte VII do TOGAF) opera o método. O método é suportado por uma série de orientações e técnicas (documentadas na parte III do TOGAF). Isso produz conteúdo para ser armazenado no repositório (documentado na parte IV do TOGAF), que é classificado de acordo com o Continuum Corporativo (documentado na parte V do TOGAF). O repositório inicialmente é preenchido com os Modelos de Referência do TOGAF (documentado na parte VI do TOGAF).

---

3 Arquitetura de Dados é chamada de Arquitetura da Informação em algumas organizações.

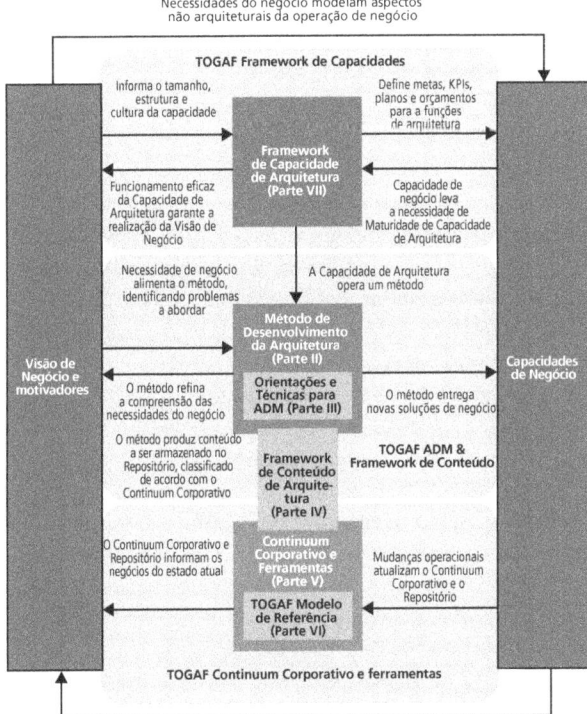

Figura 1: Visão Geral do Conteúdo do TOGAF

1.5.1 O Método de Desenvolvimento de Arquitetura (ADM – Architecture Development Method)

O **ADM** descreve como obter uma arquitetura corporativa específica da organização que atenda aos requisitos de negócios. O ADM é o principal componente do TOGAF e fornece orientação para arquitetos em vários níveis:

- Fornece as **fases de desenvolvimento de arquitetura** (Arquitetura de Negócio, Arquiteturas de Sistemas de Informação, Arquitetura de Tecnologia) em um ciclo, como um template de um processo total para a atividade de desenvolvimento de arquitetura.
- Fornece uma **narrativa de cada fase de arquitetura**, descrevendo a fase em termos de objetivos, abordagem, entradas, passos e saídas. As seções de entradas e saídas fornecem uma definição da estrutura de conteúdo de arquitetura e as entregas (uma descrição detalhada da fase de entradas e da fase de saídas é fornecida no Framework de Conteúdo de Arquitetura).
- Fornece resumos das fases entrecruzadas que cobrem o gerenciamento de requisitos.

O ADM é descrito mais adiante no Capítulo 2.

1.5.2 Técnicas e Orientações do ADM

As Técnicas e Orientações do ADM fornecem uma série de instruções para apoiar a aplicação do ADM. As orientações adaptam o ADM para lidar com diversos cenários de uso, inclusive diferentes estilos de processos, (por exemplo, o uso de iteração), e, também, determinadas arquiteturas de especialidades (tais como a segurança). As técnicas suportam tarefas específicas dentro do ADM (como a definição de princípios, cenários de negócios, metas de negócio, análise de diferenças, Planejamento da Migração, gerenciamento de risco, etc.).

As Orientações do ADM são descritas mais adiante no Capítulo 4. As Técnicas do ADM são descritas em detalhe no Capítulo 3, juntamente com os principais entregáveis.

1.5.3 Framework de Conteúdo de Arquitetura

O **Framework de Conteúdo de Arquitetura** fornece um modelo detalhado dos produtos do trabalho de arquitetura, incluindo entregáveis, artefatos contidos nos entregáveis e Blocos de Construção de Arquitetura (BCAs) que os entregáveis representam.

O Framework de Conteúdo de Arquitetura é descrito mais adiante no Capítulo 5.

1.5.4 O Continuum Corporativo

O **Continuum Corporativo** fornece um modelo para estruturar um repositório virtual e fornece métodos para classificar artefatos de arquitetura e de solução, mostrando como os diferentes tipos de artefatos se desenvolvem e como eles podem ser alavancados e reutilizados. Ele é baseado em arquiteturas e soluções (modelos, padrões, descrições de arquitetura, etc.) que existem dentro da organização e do segmento da indústria em geral e que a organização reuniu para uso no desenvolvimento de suas arquiteturas.

O Continuum Corporativo é descrito mais adiante no Capítulo 6.

1.5.5 Modelos de Referência do TOGAF

O TOGAF fornece dois modelos de referência para uma possível inclusão no Continuum Corporativo de uma própria organização, ou seja, **Modelo de Referência Técnico** (MRT) do TOGAF e o **Modelo de Referência de Infraestrutura de Informação Integrada** (III-MR).

Os Modelos de Referência do TOGAF são descritos mais adiante no Capítulo 7.

1.5.6 O Framework de Capacidade de Arquitetura

O **Framework de Capacidade de Arquitetura** é um conjunto de recursos, orientações, templates, informações de pano de fundo, etc. fornecidos para ajudar o arquiteto a estabelecer uma prática de arquitetura dentro de uma organização.

O Framework de Capacidade de Arquitetura é descrito mais adiante no Capítulo 8.

Capítulo 2
O Método de Desenvolvimento da Arquitetura (ADM – Architecture Development Method)

Este capítulo descreve o Método de Desenvolvimento da Arquitetura (ADM), sua relação com o restante do TOGAF e considerações de alto nível para a sua utilização. Ele também inclui um resumo de cada fase dentro do ADM.

Os tópicos abordados neste capítulo incluem:

- Uma introdução ao ADM
- As fases do ADM
- Os objetivos, passos, entradas e saídas das fases do ADM
- Gerenciamento de Requisitos durante o ciclo ADM
- Escopo da atividade de arquitetura

2.1 O que é o ADM?

O ADM, um resultado de contribuições de muitos arquitetos, forma o núcleo do TOGAF. É um método para obter arquiteturas corporativas específicas da organização e é projetado especificamente para atender os requisitos de negócios. O ADM descreve:

- Uma forma confiável e comprovada para desenvolver e utilizar uma arquitetura corporativa

- Um método de desenvolvimento de arquiteturas de diferentes níveis[4] (negócio, aplicativo, dados, tecnologia) que permitem que o arquiteto garanta que um complexo conjunto de requisitos seja adequadamente tratado
- Um conjunto de orientações e técnicas para o desenvolvimento de arquitetura

2.2 Quais são as fases do ADM?

O ADM consiste em um número de fases que percorrem uma gama de domínios de arquitetura que permitem que o arquiteto garanta que um conjunto complexo de requisitos seja tratado adequadamente.

A estrutura básica do ADM é mostrada na Figura 2.

O ADM é aplicado iterativamente durante todo o processo, entre fases e dentro delas. Durante todo o ciclo do ADM, deve haver validação frequente dos resultados contra os requisitos originais, tanto aqueles para todo o ciclo de ADM, como aqueles para uma determinada fase do processo. Essa validação deve reconsiderar escopo, detalhes, agendas e marcos. Cada fase deve considerar os artefatos produzidos a partir de iterações anteriores do processo e ativos externos no mercado, tais como outros modelos ou estruturas.

O ADM suporta o conceito de iteração em três níveis:

- **Percorrendo o ciclo ADM**: O ADM é apresentado de forma circular, indicando que a conclusão de uma fase de trabalho de arquitetura alimenta diretamente as fases subsequentes.
- **Iterando entre fases**: O TOGAF descreve o conceito de iteração através de fases (por exemplo, retornando à Arquitetura de Negócio após a conclusão da Arquitetura de Tecnologia).

---

4 No TOGAF isto é designado como um conjunto de domínios de arquitetura.

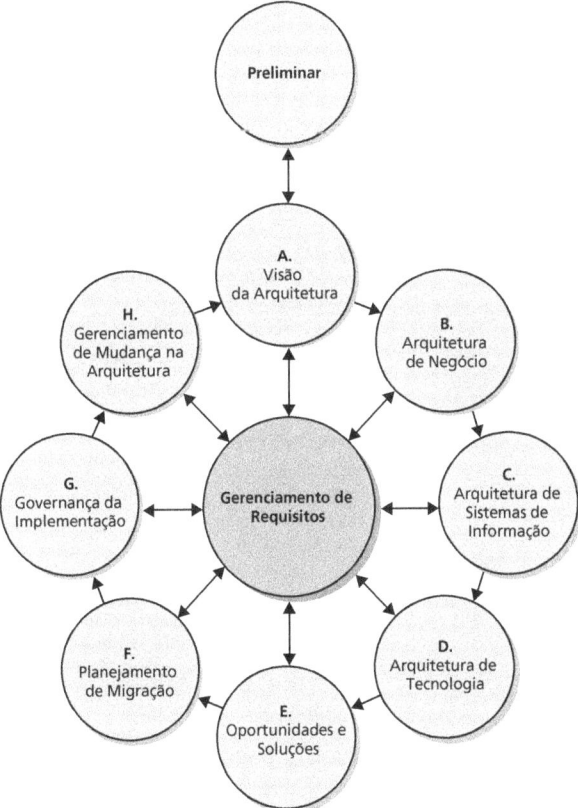

Figura 2: O Ciclo do Método de Desenvolvimento de Arquitetura (ADM)

- **Percorrendo o ciclo de uma única fase**: O TOGAF suporta a execução repetida das atividades dentro de uma única fase ADM como uma técnica para elaboração de conteúdo da arquitetura.

Mais informações sobre iteração podem ser encontradas no TOGAF 9, parte III: ADM Orientações e Técnicas (ver Capítulo 4).

Tabela 3: Atividades do Método de Desenvolvimento de Arquitetura (ADM) por Fase

Fase ADM	Atividade
Preliminar	Prepara a organização para projetos de arquitetura no TOGAF. Garante as atividades de preparação e iniciação necessárias para criar uma Capacidade de Arquitetura, incluindo a customização do TOGAF, escolha de ferramentas e a definição de Princípios de Arquitetura.
Gerenciamento de Requisitos	Todas as fases de um projeto do TOGAF são baseadas em e validam as necessidades do negócio. Requisitos são identificados, armazenados e alimentados dentro e fora das fases relevantes do ADM, que disponibiliza, direciona e prioriza requisitos.
A. Visão da Arquitetura	Define o escopo, restrições e expectativas para um projeto do TOGAF. Cria a Visão da Arquitetura. Define as partes interessadas. Valida o contexto de negócio e cria a Declaração de Trabalho da Arquitetura. Obtém aprovações.
B. Arquitetura de Negócio / C. Arquitetura de Sistemas de Informação / D. Arquitetura de Tecnologia	Desenvolve arquiteturas em quatro domínios: 1. Negócio 2. Sistemas de Informação - Aplicativos 3. Sistemas de Informação - Dados 4. Tecnologia Em cada caso, desenvolve uma Arquitetura Linha de Base e a Alvo e analisa as diferenças.
E. Oportunidades e Soluções	Executa o planejamento da implementação inicial e a identificação dos meios de entrega para os blocos de construção identificados nas fases anteriores. Determina se uma abordagem incremental é necessária e, em caso afirmativo, identifica Arquiteturas de Transição.

Fase ADM	Atividade
F. Planejamento de Migração	Desenvolve um Planejamento detalhado de Migração e Implementação que aborda como caminhar a partir da Linha de Base para a Arquitetura Alvo.
G. Governança da Implementação	Fornece uma supervisão da implementação. Prepara e emite Contratos de Arquitetura (Comitê de Governança da Implementação). Certifica se o projeto de implementação está de acordo com a arquitetura.
H. Gerenciamento de Mudança na Arquitetura	Fornece monitoramento contínuo e um processo de gerenciamento de mudanças para garantir que a arquitetura responda às necessidades da organização e maximiza o valor da arquitetura para o negócio.

2.3 O ADM em Detalhe

A tabela abaixo resume os objetivos, passos, entradas e saídas[5] de cada fase do ciclo ADM.

2.3.1 Fase Preliminar

A fase Preliminar prepara uma organização para realizar projetos de arquitetura corporativa.

Uma visão geral da fase é dada abaixo:

Objetivos	Passos

Determinar a Capacidade de Arquitetura desejada pela organização:
  Revisar o contexto organizacional para condução da arquitetura corporativa
  Identificar os elementos organizacionais afetados pela Capacidade da Arquitetura
	Definir o escopo organizacional
	Confirmar governança e
	  frameworks de apoio
	Definir e estabelecer a equipe e
	  a organização da arquitetura
	  corporativa

---

5 Números de variantes para entregáveis específicos foram omitidos neste Guia de Bolso uma vez que TOGAF afirma que o esquema numérico do ADM é um exemplo e que deve ser adaptado de forma apropriada.

Identificar os frameworks, métodos e processos estabelecidos que possuam intersecção com a Capacidade da Arquitetura Estabelecer o alvo da Maturidade de Capacidade Estabelecer a Capacidade da Arquitetura: Definir e estabelecer o Modelo Organizacional para a Arquitetura Corporativa Definir e estabelecer o processo detalhado e recursos para governança da arquitetura Selecionar e implementar ferramentas que suportam as atividades de arquitetura Definir os Princípios de Arquitetura	Identificar e estabelecer princípios de arquitetura Adaptar o TOGAF e, se for o caso, selecionar outros Frameworks de Arquitetura Implementar ferramentas de arquitetura
Entradas	**Saídas**
TOGAF Outro(s) framework(s) de arquitetura Comitês de estratégia, planejamentos de negócio, estratégia de negócio, estratégia de TI, princípios, metas e motivadores de negócio Frameworks de Governança e legais	Modelo organizacional para arquitetura corporativa Framework de Arquitetura Customizado, incluindo princípios de arquitetura Repositório Inicial de Arquitetura
Capacidade da Arquitetura Acordos de parceria e contrato Modelo organizacional existente para a empresa Framework de arquitetura existente, se for o caso, incluindo: Método de Arquitetura Conteúdo de Arquitetura Ferramentas configuradas e implantadas Princípios de Arquitetura Repositório de Arquitetura	Reafirmação de, ou referência a, princípios de negócios, as metas de negócios e motivadores de negócios Requisição para Trabalho de Arquitetura Framework de Governança

2.3.2 Fase A: Visão da Arquitetura

A Fase A é direcionada para iniciar e estabelecer uma iteração do ciclo de desenvolvimento da arquitetura, definindo o escopo, as restrições e as expectativas para a iteração. É necessária para validar o contexto empresarial e para criar e aprovar a Declaração de Trabalho da Arquitetura.

Objetivos	Passos
Desenvolver uma visão de alto nível das capacidades e valor a ser entregue como resultado da proposta da arquitetura corporativa Obter aprovação para a Declaração de Trabalho da Arquitetura que define um programa de trabalho para desenvolver e implantar a arquitetura descrita na Visão da Arquitetura	Estabelecer o projeto de arquitetura Identificar as partes interessadas, as preocupações e os requisitos de negócio Confirmar e elaborar metas, geradores e restrições de negócio Avaliar as capacidades de negócio Avaliar a Prontidão para Transformação do Negócio Definir o escopo Confirmar e elaborar os princípios de arquitetura, incluindo princípios de negócio Desenvolver a Visão da Arquitetura Definir a proposição de valor da Arquitetura Alvo e KPIs Identificar os riscos da transformação do negócio e as atividades de mitigação Desenvolver Declaração de Trabalho da Arquitetura; obter aprovação
Entradas	**Saídas**
Requisição para Trabalho de Arquitetura Princípios, metas e motivadores de negócio Framework de Arquitetura adaptado, incluindo método, conteúdo e princípios de arquitetura, ferramentas configuradas e implantadas	Declaração de Trabalho da Arquitetura aprovada Proposição refinada dos princípios, metas e motivadores do negócio Princípios de Arquitetura Avaliação de capacidades Framework de Arquitetura Customizada

Repositório de Arquitetura com conteúdo da arquitetura existente (descrição do framework, da arquitetura, da linha de base existente, etc.)	Visão da Arquitetura, incluindo: Refinados requisitos chave de alto nível das partes interessadas Rascunho do Documento de Definição de Arquitetura, incluindo (quando no escopo): • Linha de Base da Arquitetura de Negócio (alto nível) • Linha de base da Arquitetura de Dados (alto nível) • Linha de Base da Arquitetura de Aplicativo (alto nível) • Linha de Base da Arquitetura de Tecnologia (alto nível) • Arquitetura de Negócio Alvo (alto nível) • Arquitetura de Dados Alvo (alto nível) • Arquitetura de Aplicativo Alvo (alto nível) • Arquitetura de Tecnologia Alvo (visão) Planejamento de Comunicação Repositório de Arquitetura populado com conteúdo adicional

2.3.3 Fase B: Arquitetura de Negócio

A Fase B aborda o desenvolvimento da Arquitetura de Negócio para suportar uma Visão da Arquitetura acordada.

Objetivos	Passos
Desenvolver a Arquitetura de Negócio Alvo, que descreve como a organização deve operar para atingir as metas de negócio, como responde aos motivadores estratégicos estabelecidos na Visão da Arquitetura e aborda a Requisição de Trabalho de Arquitetura e preocupações das partes interessadas Identificar arquiteturas candidatas Definir o roteiro	Selecionar modelos de referência, pontos de vista e ferramentas Desenvolver a descrição da Arquitetura de Linha de Base do Negócio Desenvolver a descrição da Arquitetura de Negócio Alvo Efetuar a análise da diferença Definir um roteiro candidato

Objetivos	Passos
Definir um roteiro com base nas diferenças entre a Linha de Base e Arquiteturas de Negócio de Alvo	Resolver impactos sobre o Panorama da Arquitetura Conduzir uma revisão formal com as partes interessadas Finalizar a Arquitetura de Negócio Criar o Documento de Definição de Arquitetura
Entradas	**Saídas**
Requisição de Trabalho de Arquitetura Princípios, metas e motivadores de negócio Avaliação de Capacidades Planejamento de Comunicação Modelo organizacional para a arquitetura corporativa Framework de Arquitetura Customizado Declaração de Trabalho da Arquitetura aprovado Princípios de arquitetura incluindo princípios de negócio, quando pré-existente Continuum Corporativo Repositório de Arquitetura Visão da Arquitetura, incluindo: Requisitos refinados de alto-nível das principais partes interessadas Rascunho do Documento de Definição de Arquitetura, incluindo: • Linha de Base da Arquitetura de Negócio (alto nível) • Linha de Base da Arquitetura de Dados (alto nível) • Linha de Base da Arquitetura de Aplicativo (alto nível) • Linha de Base da Arquitetura de Tecnologia (alto nível) • Arquitetura de Negócio Alvo (alto nível) • Arquitetura de Dados Alvo (alto nível) • Arquitetura de Aplicativo Alvo (alto nível) • Arquitetura de Tecnologia Alvo (alto nível)	Declaração de Trabalho da Arquitetura, atualizada se necessário Princípios, metas e motivadores de negócio validados Princípios da Arquitetura de Negócio elaborados Rascunho do Documento de Definição de Arquitetura com conteúdo atualizado: • Linha de Base da Arquitetura de Negócio (detalhada), se apropriado • Arquitetura de Negócio Alvo (detalhada) • Visões correspondentes aos pontos de vista das partes interessadas para direcionar suas principais preocupações Rascunho da Especificação dos Requisitos de Arquitetura com conteúdo atualizado: • Resultado da análise de diferenças • Requisitos técnicos • Requisitos de negócio atualizados Componentes da Arquitetura de Negócio de um Roteiro de Arquitetura

2.3.4 Fase C: Arquitetura de Sistemas de Informação

A Fase C aborda a documentação da organização fundamental de sistemas de TI da organização, expressa nos principais tipos de sistemas

que os processa. Há dois passos nesta fase, que podem ser desenvolvidos em sequência ou simultaneamente:
- Arquitetura de Dados
- Arquitetura de Aplicativo

2.3.4.1 Arquitetura de Dados

Objetivos	Passos
Desenvolver a Arquitetura de Dados Alvo que suporta a Arquitetura de Negócio e a Visão da Arquitetura, enquanto direciona a Requisição de Trabalho de Arquitetura e preocupações das partes interessadas Identificar os componentes candidatos do Roteiro da Arquitetura, com base nas diferenças entre as Arquiteturas Linha de Base e Alvo	Selecionar modelos de referência, pontos de vista e ferramentas Descrever a Linha de Base da Arquitetura de Dados Descrever o alvo da Arquitetura de Dados Realizar a análise de diferenças Definir os componentes candidatos do roteiro Resolver os impactos no Panorama de Arquitetura Conduzir uma revisão formal com as partes interessadas Finalizar a Arquitetura de Dados Criar o Documento de Definição de Arquitetura
Entradas	**Saídas**
Requisição para Trabalho de Arquitetura Avaliação de Capacidades Planejamento de Comunicação Modelo organizacional para arquitetura corporativa Framework de Arquitetura Customizado Princípios de Dados Declaração de Trabalho da Arquitetura Visão da Arquitetura Repositório de Arquitetura	Declaração de Trabalho da Arquitetura, atualizada se necessário Princípios de dados validados ou novos princípios de dados Rascunho do Documento de Definição da Arquitetura de Dados com conteúdo atualizado: Linha de Base da Arquitetura de Dados Arquitetura de Dados Alvo

Entradas	Saídas
Rascunho do Documento de Definição de Arquitetura, contendo: • Linha de Base da Arquitetura de Negócio (detalhada) • Arquitetura de Negócio Alvo (detalhada) • Linha de base da Arquitetura de Dados (alto nível) • Arquitetura de Dados Alvo (alto nível) • Linha de Base da Arquitetura de Aplicativo (detalhada ou visão) • Arquitetura de Aplicativo Alvo (detalhada ou visão) • Linha de Base Arquitetura de Tecnologia (alto nível) • Arquitetura de Tecnologia Alvo (alto nível) Rascunho da Especificação de Requisitos de Arquitetura, incluindo: • Resultado da análise de diferenças • Requisitos técnicos relevantes Componentes da Arquitetura de Negócio do Roteiro de Arquitetura	• Visões da Arquitetura de Dados correspondentes aos pontos de vista selecionados, direcionando as preocupações chaves das partes interessadas Rascunho das Especificações dos Requisitos de Arquitetura, incluindo atualizações de conteúdo: • Resultado da análise de diferenças • Requisitos de interoperabilidade de dados • Requisitos técnicos relevantes que se aplicam à evolução do ciclo de desenvolvimento da arquitetura • Restrições na Arquitetura de Tecnologia • Requisitos de negócio atualizados • Requisitos de aplicativo atualizados Componentes da Arquitetura de Dados do Roteiro de Arquitetura

2.3.4.2 Arquitetura de Aplicativo

Objetivos	Passos
Desenvolver a Arquitetura de Aplicativo Alvo que capacita a Arquitetura de Negócio e a Visão da Arquitetura, enquanto direciona a Requisição para Trabalho de Arquitetura e as preocupações das partes interessadas Identificar os componentes candidatos do Roteiro da Arquitetura, com base nas diferenças entre as Arquiteturas Linha de Base e Alvo	Selecionar os modelos de referência, pontos de vista e ferramentas Descrever a Arquitetura de Aplicativo Linha de Base Descrever a Arquitetura de Aplicativo Alvo Efetuar a análise de diferenças Definir os componentes candidatos do roteiro

Objetivos	Passos
	Resolver os impactos entre os Panoramas de Arquitetura Conduzir uma revisão formal com as partes interessadas Finalizar a Arquitetura de Aplicativo Criar o Documento de Definição de Arquitetura
Entradas	**Saídas**
Requisição para Trabalho de Arquitetura Avaliação de Capacidades Planejamento de Comunicação Modelo organizacional para arquitetura corporativa Framework de Arquitetura Customizado Princípios de Aplicativos Declaração de Trabalho da Arquitetura Visão da Arquitetura Repositório de Arquitetura Rascunho do Documento de Definição de Arquitetura contendo: Linha de Base da Arquitetura de Negócio (detalhada) Arquitetura de Negócio Alvo (detalhada) Linha de Base da Arquitetura de Dados (detalhada ou alto nível) Arquitetura de Dados Alvo (detalhada ou alto nível) Linha de Base da Arquitetura de Aplicativo (alto nível) Arquitetura de Aplicativo Alvo (alto nível) Linha de Base Arquitetura de Tecnologia (alto nível) Arquitetura de Tecnologia Alvo (alto nível) Rascunho da Especificação de Requisitos de Arquitetura, incluindo: Resultado da análise de diferenças Requisitos técnicos relevantes Componentes da Arquitetura de Negócio do Roteiro de Arquitetura	Declaração de Trabalho da Arquitetura, atualizada se necessário Princípios de aplicativo validados ou novos princípios de aplicativos Rascunho do Documento de Definição da Arquitetura com conteúdo atualizado: Linha de Base da Arquitetura de Aplicativo Arquitetura de Aplicativo alvo Visões da Arquitetura de Aplicativo correspondentes aos pontos de vista selecionados, direcionando preocupações chaves das partes interessadas Rascunho da Especificação dos Requisitos de Arquitetura, incluindo atualizações de conteúdo: Resultado da análise de diferenças Requisitos de interoperabilidade de aplicativos Requisitos técnicos relevantes que se aplicam à evolução do ciclo de desenvolvimento da arquitetura Restrições na Arquitetura de Tecnologia Requisitos de negócio atualizados Requisitos de dados atualizados Componentes da Arquitetura de Dados do Roteiro de Arquitetura

2.3.5 Fase D: Arquitetura de Tecnologia

A Fase D aborda a documentação da organização fundamental dos sistemas de TI, expressa na tecnologia de hardware, software e comunicações.

Objetivos	Passos
Desenvolver a Arquitetura de Tecnologia Alvo que suporte o aplicativo lógico e físico, os componentes de dados e a Visão da Arquitetura, direcionando a Requisição para Trabalho de Arquitetura e preocupações das partes interessadas Identificar os componentes candidatos do Roteiro da Arquitetura, com base nas diferenças entre as Arquiteturas Linha de Base e Alvo	Selecionar modelos de referência, pontos de vista e ferramentas Descrever a Arquitetura de Tecnologia Linha de Base Descrever a Arquitetura de Tecnologia Alvo Efetuar a análise de diferenças Definir o roteiro dos componentes Resolver os impactos entre os Panoramas de Arquitetura Conduzir uma revisão formal com as partes interessadas Finalizar a Arquitetura de Tecnologia Criar o Documento de Definição de Arquitetura
Entradas	**Saídas**
Requisição para Trabalho de Arquitetura Avaliação de Capacidades Planejamento de Comunicação Modelo organizacional para a arquitetura corporativa Framework de Arquitetura Customizado Princípios de Tecnologia Declaração de Trabalho da Arquitetura Visão da Arquitetura Repositório de Arquitetura	Declaração de Trabalho da Arquitetura, atualizada se necessário Princípios de tecnologia validados ou novos princípios de tecnologia (se gerados aqui) Rascunho do Documento de Definição da Arquitetura de Dados com conteúdo atualizado: Linha de Base da Arquitetura de Tecnologia Arquitetura de Tecnologia Alvo Visões da Arquitetura de Tecnologia correspondentes aos pontos de vista selecionados, direcionando preocupações chave das partes interessadas

Entradas	Saídas
Rascunho do Documento de Definição de Arquitetura contendo: Linha de Base da Arquitetura de Negócio (detalhada) Arquitetura de Negócio Alvo (detalhada) Linha de Base da Arquitetura de Dados (detalhada) Arquitetura de Dados Alvo (detalhada) Linha de Base da Arquitetura de Aplicativo (detalhada) Arquitetura de Aplicativo Alvo (detalhada) Linha de Base Arquitetura de Tecnologia (alto nível) Arquitetura de Tecnologia Alvo (alto nível) Rascunho da Especificação de Requisitos de Arquitetura, incluindo: Resultado da análise de diferenças Requisitos técnicos relevantes Componentes de Arquitetura de Negócio, Dados e de Aplicativos de um Roteiro de Arquitetura	Rascunho da Especificação dos Requisitos de Arquitetura, incluindo atualizações de conteúdo: Resultado da análise de diferenças Requisitos gerados nas Fases B e C Requisitos de tecnologia atualizados Componentes da Arquitetura de Tecnologia do Roteiro de Arquitetura

2.3.6 Fase E: Oportunidades e Soluções

A Fase E é a primeira fase diretamente relacionada com a implementação. Descreve o processo de identificação dos veículos de entrega (projetos, programas ou portfólios) que fornecem a Arquitetura Alvo identificada nas fases anteriores.

Objetivos	Passos
Gerar a versão inicial completa do Roteiro de Arquitetura, com base na análise de diferenças e nos componentes candidatos do Roteiro de Arquitetura das Fases B, C e D Determinar se é necessária uma abordagem incremental e em caso afirmativo identificar as Arquiteturas de Transição que vão entregar contínuo valor ao negócio	Determinar/confirmar atributos chaves de mudança corporativa Determinar as restrições de negócio para a implementação Revisar e consolidar o resultado da análise de diferenças de Fases B para D Revisar requisitos consolidados através de funções de negócio relacionadas Consolidar e conciliar os requisitos de interoperabilidade Refinar e validar dependências Confirmar prontidão e risco para a transformação do negócio. Formular a Estratégia de Implementação da Migração Identificar e agrupar os principais pacotes Identificar Arquiteturas de Transição Criar Roteiro de Arquitetura e Implementação e Planejamento da Migração
Entradas	**Saídas**
Informação de Produto Requisição para Trabalho de Arquitetura Avaliação de Capacidades Planejamento de Comunicação Metodologias de Planejamento Modelos de Governança e Frameworks Framework de Arquitetura Customizado Declaração de Trabalho da Arquitetura Visão da Arquitetura Repositório de Arquitetura Rascunho do Documento de Definição da Arquitetura Rascunho da Especificação de Requisitos de Arquitetura Requisição de Mudança para programas e projetos existentes Componentes candidatos do Roteiro de Arquitetura para as Fases B, C e D	Declaração de Trabalho da Arquitetura, atualizado se necessário Visão da Arquitetura, atualizada se necessário Rascunho do Documento de Definição da Arquitetura, incluindo: • Arquitetura de Transição, número e escopo, se houver Rascunho dos Requisitos de Arquitetura, atualizado se necessário Avaliação de Capacidade, incluindo: • Capacidades de Negócio • Capacidades de TI Roteiro de Arquitetura, incluindo: • Portfólio do pacote de trabalho • Identificação de Arquiteturas de Transição, se houver • Recomendações de implementação Planejamento da Migração e Implementação (contorno), incluindo: • Estratégia de Migração e Implementação

2.3.7 Fase F: Planejamento da Migração

A Fase F aborda o Planejamento da Migração, ou seja, como mover da Linha de Base para a Arquitetura Alvo, finalizando um detalhado Planejamento da Migração e Implementação.

Objetivos	Passos
Finalizar o Roteiro de Arquitetura e o Planejamento da Migração e Implementação que o suporta Garantir que o Planejamento da Migração e Implementação esteja de acordo com a abordagem para gerenciamento e implementação de mudança no portfólio de mudança Assegurar que o valor para o negócio e o custo dos pacotes de trabalho e Arquitetura de Transição sejam compreendidos pelos principais interessados	Confirmar as interações dos frameworks de gerenciamento para o Planejamento da Migração e Implementação Atribuir um valor de negócio para cada pacote de trabalho Estimar os requisitos de recursos, intervalos de projeto e veículo de entrega/disponibilidade Priorizar os projetos de migração através da condução de uma validação de avaliação de custo/benefício e risco Confirmar o Roteiro de Arquitetura e atualizar o Documento de Definição de Arquitetura Concluir o Planejamento da Migração e Implementação Completar o ciclo de desenvolvimento e o documento de lições aprendidas
Entradas	**Saídas**
Requisição para Trabalho de Arquitetura Planejamento de Comunicação Modelo para a arquitetura corporativa da organização Modelos de Governança e Frameworks Framework de Arquitetura Customizado Declaração de Trabalho da Arquitetura Visão da Arquitetura	Planejamento da Migração e Implementação (detalhado), incluindo: Estratégia de Migração e Implementação Repartição de projeto e portfólio de implementação Planos iniciais do projeto (opcional) Documento de Definição de Arquitetura finalizado, incluindo: Arquiteturas de Transição finalizadas, se houver Especificação de Requisitos de Arquitetura finalizada

Entradas	Saídas
Repositório de Arquitetura	Roteiro de Arquitetura finalizado
Rascunho do Documento de Definição da Arquitetura, incluindo:	Blocos de Construção de Arquitetura reutilizáveis
Arquiteturas de Transição, se houver	Requisição para Trabalho de Arquitetura para novas iterações do ADM (se houver)
Rascunho da Especificação de Requisitos de Arquitetura	Modelo de Governança de Implementação
Solicitações de Mudança para programas e projetos existentes	Requisições de Mudança da Capacidade da Arquitetura identificadas a partir das lições aprendidas
Roteiro de Arquitetura	
Avaliação de Capacidades, incluindo:	
Capacidades de Negócio	
Capacidades de TI	
Planejamento da Migração e Implementação, incluindo:	
Estratégia de Migração e Implementação de alto nível	

2.3.8 Fase G: Governança da Implementação

A Fase G define como a arquitetura restringe os projetos de implementação, monitora durante a construção e produz um Contrato de Arquitetura assinado.

Objetivos	Passos
Assegurar a conformidade com a Arquitetura Alvo através da implementação de projetos Executar as funções da Governança da Arquitetura apropriadas para a solução e qualquer implementação direcionada a Requisição de Mudança de arquitetura	Confirmar o escopo e as prioridades para a implantação com o gerenciamento de desenvolvimento Identificar as competências e recursos de implantação Desenvolver as orientações de implantação de soluções Realizar avaliações de conformidade da arquitetura corporativa Implementar as operações de negócio e TI Executar revisão pós-implementação e fechar a implementação

Entradas	Saídas
Requisição para Trabalho de Arquitetura Avaliação de Capacidades Modelo de organização para arquitetura corporativa Framework de Arquitetura Customizado Declaração de Trabalho da Arquitetura Visão da Arquitetura Repositório de Arquitetura Documento de Definição da Arquitetura, Especificação de Requisitos de Arquitetura Roteiro de Arquitetura Modelo de Governança de Implementação Requisição para Trabalho de Arquitetura identificados nas fases E e F Planejamento da Migração e Implementação	Contrato de Arquitetura (assinado) Avaliação de Conformidade Requisições de Mudança Análise de Impacto – Recomendações de Implementação Soluções implantadas em conformidade com a Arquitetura, incluindo: Sistema implementado em conformidade com a arquitetura Repositório de Arquitetura populado Recomendações e dispensas em conformidade com a Arquitetura Recomendações sobre os requisitos de entrega de serviço Recomendações sobre métricas de desempenho Acordos de Nível de Serviço (ANSs) Visão da Arquitetura, atualizada após implementação Documento de Definição da Arquitetura, atualizado após implementação Modelos de operação de negócio e TI para as soluções implementadas

2.3.9 Fase H: Gerenciamento de Mudança na Arquitetura

A Fase H garante que alterações na arquitetura sejam gerenciadas de forma controlada.

Objetivos	Passos
Garantir que o ciclo de vida de arquitetura seja mantido Garantir que o Framework de Governança da Arquitetura seja executado. Garantir que a Capacidade da Arquitetura da organização atenda aos requisitos atuais	Estabelecer o processo de realização de valor Implantar ferramentas de monitoramento Gerenciar Riscos Fornecer uma análise para gerenciamento de mudança da arquitetura Desenvolver requisitos de mudança para atender às metas de desempenho Gerenciar o processo de governança Ativar o processo para implementar mudanças

Entradas	Saídas
Requisição para Trabalho de Arquitetura Modelo de organização de arquitetura corporativa Framework de Arquitetura Customizada Declaração de Trabalho da Arquitetura Visão da Arquitetura Repositório de Arquitetura Documento de Definição da Arquitetura Especificação de Requisitos de Arquitetura Roteiro de Arquitetura Requisição de Mudanças devidas a mudanças de tecnologia Requisição de Mudanças devidas a mudanças no negócio Requisição de Mudanças geradas por lições aprendidas Modelo de Governança de Implementação Contrato de Arquitetura (assinado) Avaliações de conformidade Planejamento da Migração e Implementação	Atualizações da Arquitetura Mudanças no framework e princípios de arquitetura Nova Requisição para Trabalho de Arquitetura, para iniciar outro ciclo do ADM Declaração de Trabalho da Arquitetura, atualizado se necessário Contrato de Arquitetura, atualizado se necessário Avaliações de conformidade, atualizadas se necessário

2.3.10 Gerenciamento de Requisitos

O processo de gerenciamento de requisitos de arquitetura aplica-se a todas as fases do ciclo do ADM. O processo de Gerenciamento de Requisitos é dinâmico, aborda a identificação dos requisitos para a empresa, os armazenando e, então, os "alimentando" nas entradas e saídas das fases relevantes do ADM. Como mostrado na Figura 2, este processo é fundamental para a condução do processo do ADM.

A capacidade de lidar com mudanças nos requisitos é crucial para o processo do ADM, uma vez que a arquitetura, pela sua própria natureza, lida com incerteza e mudança, associando as expectativas das partes interessadas e o que pode ser entregue como uma solução prática.

Objetivos	Passos
Garantir que o processo de gerenciamento de requisitos seja mantido e opere em todas as fases relevantes do ADM Gerenciar requisitos de arquitetura identificados durante a execução de um ciclo do ADM ou uma fase Garantir que requisitos relevantes de arquitetura estejam disponíveis para o uso de cada fase enquanto ela é executada	Identificar / documentar requisitos Gerar requisitos de Linha de Base Monitorar requisitos de Linha de Base Identificar requisitos de mudança; remover, modificar e reavaliar prioridades Identificar requisitos de mudança e registrar prioridades; identificar e resolver conflitos; gerar declarações de impacto de requisitos Avaliar impacto de requisitos de mudança nas fases atuais e anteriores do ADM Implementar requisitos advindos da Fase H Atualizar o repositório de requisitos Implementar mudança na fase atual Avaliar e revisar a análise de diferenças das fases anteriores
Entradas	**Saídas**
As entradas para o processo de Gerenciamento de Requisitos são os requisitos relacionados com saídas de cada fase do ADM. Os primeiros requisitos de alto nível são produzidos como parte da Visão da Arquitetura. Cada domínio de arquitetura gera requisitos detalhados. As entregas em fases posteriores do ADM contêm mapeamentos para novos tipos de requisitos (por exemplo, requisitos de conformidade)	Requisitos de mudança Avaliação de Impacto de Requisitos, que identifica quais as fases do ADM que precisam ser revisados para direcionar quaisquer alterações. A versão final deve incluir todas as implicações dos requisitos (por exemplo, custos, prazos e métricas de negócio).

2.4 O Escopo da Atividade de Arquitetura

O ADM define uma sequência recomendada para as várias fases e passos envolvidos no desenvolvimento de uma arquitetura corporativa de toda a organização, mas o ADM não pode determinar o escopo: isso deve ser determinado pela própria organização.

Há muitas razões para limitar (ou restringir) o âmbito da atividade da arquitetura corporativa, a maioria das quais se referem aos limites em:
- A autoridade organizacional da equipe de produção da arquitetura
- Os objetivos e as preocupações das partes interessadas a serem abordados dentro da arquitetura
- A disponibilidade de pessoal, financeira e outros recursos

O escopo escolhido para a atividade de arquitetura ideal deve permitir o trabalho de todos os arquitetos da organização para serem efetivamente governados e integrados. Isso requer um conjunto de "partições de arquitetura" alinhadas que garantem que arquitetos não estejam trabalhando em atividades duplicadas ou conflitantes. Também requer a definição de reutilização e conformidade dos relacionamentos entre partições de arquitetura. A divisão da organização e da sua atividade de arquitetura é abordada no TOGAF, parte III: ADM - Orientações e Técnicas (ver Capítulo 4).

A tabela 4 mostra as quatro dimensões nas quais o escopo pode ser definido e limitado.

Tabela 4: Dimensões para Limitar o Escopo da Atividade de Arquitetura

Dimensão	Considerações
Abrangência	Qual é a extensão total do empreendimento, e em que parte desta extensão o arquiteto deve se empenhar? Diversas organizações são tão vastas, por englobarem uma federação de unidades organizacionais, que, a partir disso, podem ser consideradas, efetivamente, corporações propriamente ditas.

Dimensão	Considerações
	A organização moderna, cada vez mais, estende-se para além de seus limites tradicionais para abraçar uma combinação difusa de negócio tradicional combinado com fornecedores, clientes e parceiros.
Profundidade	Qual o nível de detalhe da arquitetura? Quando a arquitetura é "suficiente"? Qual é a demarcação adequada entre o esforço de arquitetura e as outras atividades relacionadas (sistema de modelagem, engenharia de sistemas, desenvolvimento de sistemas)?
Período de Tempo	Qual é o período de tempo que precisa ser articulado para a Visão da Arquitetura, e faz sentido (em termos de praticidade e recursos) para o mesmo período de tempo contemplado na atividade de descrição detalhada da arquitetura? Se não, quantas Arquiteturas de Transição devem ser definidas, e quais são seus prazos?
Domínios de Arquitetura	Uma descrição de Arquitetura Corporativa completa deve conter todos os quatro domínios de arquitetura (Negócio, Dados, Aplicativos, Tecnologia), mas a realidade de restrição de recursos e tempo, muitas vezes, significa que não há bastante prazo, recursos financeiros ou outros recursos para criar uma descrição da arquitetura de cima para baixo, com tudo incluído englobando todos os quatro domínios de arquitetura, mesmo que o âmbito corporativo seja escolhido para ser menor do que toda a extensão da organização.

Capítulo 3
Principais Técnicas e Entregáveis do Ciclo do ADM

Este capítulo ajudará você a entender as principais técnicas e entregáveis do ciclo do ADM. A Tabela 5 fornece um roteiro para este capítulo através das fases do ADM nas quais as técnicas e entregáveis são basicamente utilizadas.

Os fatos principais são apresentados para cada um dos pontos.

Tabela 5: Roteiro para o Capítulo 3

Fase do ADM	Referência(s)
Preliminar	3.1 Framework de Arquitetura Customizada
	3.2 Modelo Organizacional para Arquitetura Corporativa
	3.3 Princípios de Arquitetura
	3.4 Princípios, Objetivos, e Motivadores de Negócio
	3.5 Repositório de Arquitetura
	3.6 Ferramentas de Arquitetura
	3.7 Requisição para Trabalho de Arquitetura
A. Visão da Arquitetura	3.8 Declaração de Trabalho Arquitetura
	3.9 Visão da Arquitetura
	3.10 Gerenciamento das Partes Interessadas (Stakeholders)
	3.11 Planejamento de Comunicação
	3.12 Avaliação da Prontidão para Transformação do Negócio
	3.13 Avaliação de Capacidades
	3.14 Gerenciamento de Risco
	3.15 Documento de Definição de Arquitetura
	3.20 Pontos de Vista de Arquitetura
	3.21 Visões de Arquitetura

Fase do ADM	Referência(s)
B. Arquitetura de Negócio	3.14 Gerenciamento de Risco 3.15 Documento de Definição de Arquitetura 3.16 Especificação de Requisitos de Arquitetura 3.17 Roteiro de Arquitetura 3.18 Cenários de Negócio 3.19 Análise de Diferenças 3.20 Pontos de Vista de Arquitetura 3.21 Visões de Arquitetura 3.22 Blocos de Construção de Arquitetura 3.23 Blocos de Construção de Solução
C. Arquitetura de Sistemas de Informação	3.15 Documento de Definição de Arquitetura 3.16 Especificação de Requisitos de Arquitetura 3.17 Roteiro de Arquitetura 3.19 Análise de Diferenças 3.20 Pontos de Vista de Arquitetura 3.21 Visões de Arquitetura 3.22 Blocos de Construção de Arquitetura 3.23 Blocos de Construção de Solução
D. Arquitetura de Tecnologia	3.15 Documento de Definição de Arquitetura 3.16 Especificação de Requisitos de Arquitetura 3.17 Roteiro de Arquitetura 3.19 Análise de Diferenças 3.20 Pontos de Vista de Arquitetura 3.21 Visões de Arquitetura 3.22 Blocos de Construção de Arquitetura 3.23 Blocos de Construção de Solução
E. Oportunidades e Soluções	3.15 Documento de Definição de Arquitetura 3.19 Análise de Diferenças 3.22 Blocos de Construção de Arquitetura 3.23 Blocos de Construção de Solução 3.24 Planejamento Baseado em Capacidades 3.25 Técnicas de Planejamento da Migração 3.26 Planejamento de Migração e Implementação 3.27 Arquitetura de Transição 3.28 Modelo de Governança de Implementação

Fase do ADM	Referência(s)
F. Planejamento de Migração	3.24 Planejamento Baseado em Capacidades 3.25 Técnicas de Planejamento da Migração 3.26 Planejamento de Migração e Implementação 3.27 Arquitetura de Transição 3.28 Modelo de Governança de Implementação
G. Governança da Implementação	3.28 Modelo de Governança de Implementação 3.29 Contratos de Arquitetura 3.30 Requisição de Mudança 3.31 Avaliação da Conformidade
H. Gerenciamento de Mudança na Arquitetura	3.28 Modelo de Governança de Implementação 3.29 Contratos de Arquitetura 3.31 Avaliação da Conformidade 3.32 Avaliação do Impacto de Requisitos

3.1 Framework de Arquitetura Customizado

Selecionar e customizar um framework é o ponto de partida, do ponto de vista prático, para um projeto de arquitetura.

Construir com TOGAF tem uma série de vantagens sobre a criação de um framework a partir do zero:

- Evita o pânico inicial, quando a dimensão da tarefa se torna evidente.
- O uso do TOGAF é sistemático - "bom senso codificado".
- O TOGAF captura o que os outros já encontraram para trabalhar no mundo real.
- O TOGAF tem um conjunto inicial de recursos para reutilização.
- O TOGAF define duas arquiteturas de referência no Continuum Corporativo.

No entanto, antes que o TOGAF possa ser efetivamente usado dentro de um projeto de arquitetura, adaptações em vários níveis são necessárias e devem ocorrer na Fase Preliminar.

Em primeiro lugar, é necessário adaptar o modelo do TOGAF para a integração na empresa. Esta customização vai incluir integração com frameworks do projeto e gerenciamento de processos, customização de terminologia, desenvolvimento de estilos de apresentação, seleção, configuração e implantação de ferramentas de arquitetura, etc.

A formalidade e os detalhes de qualquer framework adotado também devem ser alinhados com outros fatores contextuais para a empresa, tais como a cultura, as partes interessadas, os modelos comerciais para arquitetura corporativa, e o nível existente da capacidade da arquitetura.

Uma vez o framework esteja adaptado para a empresa, customizações adicionais serão necessárias para adequar a estrutura para o projeto de arquitetura específico. A adaptação feita neste nível selecionará entregáveis apropriados e artefatos para atender às necessidades do projeto e das partes interessadas.

O seguinte conteúdo é típico dentro de um Framework de Arquitetura Customizada:
- Método de arquitetura customizado
- Conteúdo de arquitetura customizado (entregáveis e artefatos)
- Ferramentas configuradas e implantadas
- Interfaces com os modelos de governança e outros frameworks
    - Planejamento de Negócios Corporativos
    - Arquitetura Corporativa
    - Portfólio, Programa, Gerenciamento de Projetos
    - Desenvolvimento de Sistemas / Engenharia
    - Operações (Serviços)

3.2 Modelo Organizacional para Arquitetura Corporativa

Um resultado concreto importante produzido na Fase Preliminar é o Modelo Organizacional para a Arquitetura Corporativa.

Para que um framework de arquitetura seja utilizado com sucesso, deve ser suportado pela organização correta, funções e responsabilidades dentro da corporação. De particular importância é a definição de fronteiras entre diferentes praticantes de arquitetura corporativa e as relações de governança que se estendem através desses limites.

O conteúdo típico de um Modelo Organizacional para Arquitetura Corporativa é:
- Abrangência de organizações impactadas
- Avaliação de Maturidade, diferenças e abordagem de resolução
- Funções e responsabilidades para a(s) equipe(s) de arquitetura
- Restrições aos trabalhos de arquitetura
- Requisitos de Orçamento
- Governança e estratégia de apoio

3.3 Princípios de Arquitetura

Este conjunto de documentos é uma saída inicial da Fase Preliminar. É o conjunto de regras e diretrizes gerais para a arquitetura a ser desenvolvida. Veja TOGAF, Parte III, Princípios de Arquitetura para orientações e um conjunto detalhado de princípios genéricos de arquitetura. O conteúdo sugerido deste documento são princípios de negócio, princípios de dados, princípios de aplicativos e princípios de tecnologia.

3.3.1 Desenvolvendo Princípios de Arquitetura

Princípios de arquitetura são normalmente desenvolvidos pelos arquitetos da empresa, em conjunto com os principais interessados, e são aprovados pelo Comitê de Arquitetura.

Os seguintes pontos normalmente influenciam o desenvolvimento de princípios de arquitetura:
- **A missão da empresa e planejamentos**: A missão, planejamentos e infraestrutura organizacional.
- **Iniciativas estratégicas da organização**: As características da empresa - seus pontos fortes, fraquezas, oportunidades e ameaças - e suas atuais iniciativas de abrangência corporativa (como a melhoria de processos e de gerenciamento da qualidade).
- **Restrições externas**: fatores de mercado (time-to-market imperativos, as expectativas do cliente, etc.); legislação vigente e potencial.
- **Os sistemas atuais e tecnologias**: o conjunto de recursos de informação implantado dentro da empresa, incluindo documentação de sistemas, os inventários de equipamentos, diagramas de configuração de rede, políticas e procedimentos.
- **Tendências da indústria de computação**: Previsões sobre o uso, disponibilidade e custo das tecnologias de informática e comunicação, tomadas a partir de fontes confiáveis, associadas com as melhores práticas atualmente em uso.

3.3.2 Definindo Princípios de Arquitetura

Dependendo da organização, os princípios podem ser estabelecidos em diferentes domínios e em diferentes níveis. Dois domínios chaves informam o desenvolvimento e a utilização da arquitetura:
- **Princípios da empresa** fornecem uma base para tomada de decisão como um todo e ditam como a organização cumpre a sua missão. Tais princípios são comumente usados como um meio de harmonizar a tomada de decisões. Eles são um elemento chave para uma estratégia

de Governança da Arquitetura bem sucedida. Dentro do amplo domínio de princípios de uma empresa, é comum ter princípios subsidiários dentro de uma unidade de negócio ou organizacional, como, por exemplo, as operações de TI, RH, operações internas, ou externas.

- **Princípios de Arquitetura** definem um conjunto de princípios que se relacionam com o trabalho de arquitetura. Eles refletem o consenso de toda a empresa e incorporam o espírito da arquitetura corporativa. Princípios de arquitetura regem o processo de arquitetura, afetando o desenvolvimento, a manutenção e o uso da arquitetura corporativa.

O TOGAF define uma maneira padrão de descrever princípios. Além de uma declaração de definição, cada princípio deve ter racionais associados e declarações de implicações para promover a compreensão e aceitação dos próprios princípios, com o objetivo de apoiar o uso dos princípios ao explicar e justificar por que decisões específicas foram tomadas.

Tabela 6: Template do TOGAF para Definir Princípios

Nome	Deve representar tanto a essência da regra bem como facilitar sua memorização. Plataformas de tecnologia específicas não devem ser mencionadas no nome ou na afirmação de um princípio. Evite palavras ambíguas em nome e na declaração como: "apoio", "aberto", "considerar", e na falta de melhor medida a palavra "evitar", em si, deve ser utilizada com cuidado associada com "gerência/gerenciamento". Evite também o uso desnecessário de adjetivos e advérbios (superficial).
Declaração	Deve comunicar de forma sucinta e inequívoca a regra fundamental. Para a maioria dos casos, as declarações de princípios para informação de gerencia são semelhantes entre as organizações. É vital que a declaração de princípios não seja ambígua.

Racional	Deve destacar os benefícios do negócio na adesão ao princípio, usando terminologia de negócio. Apontam para a semelhança entre os princípios de informação e tecnologia para os princípios que regem as operações de negócio. Também descrevem a relação com outros princípios e as intenções visando uma interpretação equilibrada. Descreve situações em que um princípio teria precedência ou teria mais peso do que outro para a tomada de uma decisão.
Implicações	Deve destacar os requisitos, tanto para o negócio quanto para TI, para a realização do princípio - em termos de recursos, custos e atividades / tarefas. Muitas vezes é evidente que os sistemas atuais, padrões ou práticas seriam incongruentes com o princípio em adoção. O impacto sobre o negócio e as consequências da adoção de um princípio devem ser claramente indicados. O leitor deve discernir prontamente a resposta a: "Como isso me afeta?" É importante não simplificar, banalizar, ou julgar o mérito do impacto. Algumas das implicações serão identificadas somente como potenciais impactos, e podem ser especulativas ao invés de implicações totalmente analisadas.

3.3.3 Qualidades de Princípios

Há cinco critérios que distinguem um bom conjunto de princípios, como mostrado na Tabela 7.

Tabela 7: Critérios Recomendados para Princípios de Qualidade

Compreensão	Os princípios subjacentes de um princípio podem ser rapidamente compreendidos e entendidos por indivíduos em toda a organização. A intenção do princípio é clara e inequívoca, de modo que as violações, intencionais ou não, sejam minimizadas.
Robustez	Princípios devem permitir decisões de boa qualidade sobre as arquiteturas e planejamentos a serem feitos, políticas aplicáveis e padrões a serem criados. Cada princípio deve ser suficientemente definitivo e preciso para apoiar a tomada de decisões consistentes em situações complexas e potencialmente controversas.

Completude	Todos os princípios potencialmente importantes regendo o gerenciamento de informações e tecnologia para a organização são definidos. Os princípios abrangem todas as situações percebidas.
Consistência	A estrita adesão a um princípio pode exigir uma livre interpretação de outro princípio. O conjunto de princípios deve ser expresso de uma forma que permita um equilíbrio de interpretações. Princípios não devem ser contraditórios a ponto da adesão a um princípio violar o espírito do outro. Cada palavra em uma declaração de princípio deve ser cuidadosamente escolhida para permitir uma interpretação coerente, porém flexível.
Estabilidade	Princípios devem ser duradouros, porém capazes de acomodar mudanças. Um processo de reforma deve ser estabelecido para adicionar, remover ou alterar princípios depois de serem inicialmente ratificados.

3.3.4 Aplicando os Princípios de Arquitetura

Princípios da arquitetura são usados para capturar as verdades fundamentais sobre como a empresa irá utilizar e implantar recursos de TI e ativos. Os princípios são utilizados em uma série de diferentes maneiras:

1. Para fornecer uma estrutura dentro da qual a empresa comece a tomar decisões conscientes sobre a arquitetura corporativa e projetos que implementem as metas da arquitetura corporativa.
2. Como um guia para o estabelecimento de critérios de avaliação relevantes, exercendo assim uma forte influência na seleção de produtos, soluções ou arquiteturas de soluções nas fases posteriores de gerenciamento da conformidade a arquitetura corporativa.
3. Como motivadores para definir os requisitos funcionais da arquitetura.
4. Como uma entrada para avaliar tanto as implementações existentes, quanto o futuro portfólio estratégico, visando conformidade as

arquiteturas definidas; essas avaliações fornecerão informações valiosas sobre as atividades de transição necessárias para implementar uma arquitetura, em apoio às metas de negócio e prioridades.
5. Os Racionais ressaltam o valor da arquitetura para a corporação e, portanto, fornecem um embasamento justificado para atividades de arquitetura.
6. As Implicações fornecem um esboço das principais tarefas, recursos e custos potenciais para a corporação ao seguir o princípio, também fornecem subsídios valiosos para as futuras iniciativas de transição e para as atividades de planejamento.
7. Para apoiar as atividades da Governança da Arquitetura em termos de:
   - Fornecer respaldo para avaliações de Conformidade de Arquitetura padrão quando alguma interpretação é permitida ou exigida.
   - Apoiar a decisão de iniciar uma requisição de dispensa, em que as implicações de uma determinada emenda de arquitetura em particular não podem ser resolvidas no âmbito do procedimento operacional local.

Princípios estão inter-relacionados, e precisam ser aplicados como um conjunto. Princípios, por vezes, competirão entre si, como, por exemplo: os princípios da "acessibilidade" e "segurança". Cada princípio deve ser considerado no contexto de "todos os outros em condições iguais". Às vezes, em uma decisão será exigido que um princípio tenha precedência sobre uma questão particular. As justificativas para tais decisões devem ser sempre documentadas. O fato que um princípio pareça autoevidente, não significa que o princípio é realmente observado em uma organização, mesmo quando há reconhecimento verbal do princípio. Apesar de penalidades específicas não serem prescritas em uma declaração de princípios, as violações dos princípios geralmente causam problemas operacionais e inibem a habilidade da organização em cumprir sua missão.

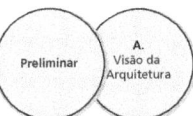

3.4 Princípios, Objetivos, e Motivadores de Negócio

A declaração dos princípios, objetivos, e motivadores geralmente é definida em qualquer lugar na empresa antes da atividade de arquitetura corporativa. Eles são atualizados como uma saída da fase Preliminar e revistos como parte da Fase A: Visão da Arquitetura. A atividade na Fase A é assegurar que as definições atuais estejam corretas e claras. O TOGAF, Parte III: Orientações e Técnicas do ADM contém um exemplo de conjunto de nove princípios de negócio que são um bom ponto de partida.

Não há nenhum conteúdo definido para este material, visto que seu conteúdo e sua estrutura são susceptíveis de consideráveis variações de uma organização para a outra.

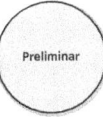

3.5 Repositório de Arquitetura

O Repositório de Arquitetura atua como uma área de armazenamento para todos os projetos de arquitetura relacionados dentro da empresa. O repositório permite a projetos gerenciarem as suas entregas, localizarem recursos reutilizáveis e publicarem resultados para outras partes interessadas. Consulte a Seção 6.2 para uma descrição do conteúdo de um Repositório de Arquitetura. O seguinte conteúdo é típico dentro de um repositório de Arquitetura:
- Framework de Arquitetura
- Base de Informações de Padrões
- Panorama de Arquitetura
- Arquiteturas de Referência
- Registros de Governança

3.6 Ferramentas de Arquitetura

Como parte da fase Preliminar, o arquiteto deve selecionar e implementar ferramentas de apoio à atividade de arquitetura. O TOGAF não exige ou recomenda qualquer ferramenta específica. O TOGAF apresenta um breve comentário sobre as questões de padronização de ferramentas em TOGAF, Parte V, Capítulo 42.

3.7 Requisição para Trabalho de Arquitetura

Este é um documento enviado a partir da organização patrocinadora para a organização de arquitetura a fim de desencadear o início de um ciclo de desenvolvimento da arquitetura. É produzido com o apoio da organização de arquitetura como uma saída da fase Preliminar. Requisições para Trabalhos de Arquitetura também serão criadas como resultado de Requisição de Mudanças de arquitetura, ou termos de referência para trabalho de arquitetura provenientes do Planejamento da Migração.

Em geral, todas as informações contidas neste documento devem ser de alto nível. O conteúdo sugerido deste documento é o seguinte:
- Organizações patrocinadoras;
- Declaração de missão da Organização;
- Objetivos de negócio (e mudanças);
- Os planejamentos estratégicos do negócio;
- Prazos;
- Mudanças no ambiente de negócio;
- Restrições organizacionais;
- A informação orçamentária e restrições financeiras
- Restrições externas, as restrições de negócio
- Descrição do sistema atual de negócio
- Descrição do sistema atual de arquitetura/TI

- Descrição do desenvolvimento organizacional
- Descrição dos recursos disponíveis para o desenvolvimento organizacional

3.8 Declaração de Trabalho da Arquitetura

A Declaração de Trabalho da Arquitetura é criada como um entregável da Fase A, e é efetivamente um contrato entre a arquitetura e a organização patrocinadora do projeto de arquitetura. Este documento é uma resposta ao documento de Requisição para Trabalho de Arquitetura (ver Seção 3.6). Deve descrever um planejamento global para lidar com a Requisição para Trabalho de Arquitetura e propor como as soluções para os problemas que foram identificados serão abordadas através do processo de arquitetura. O conteúdo sugerido deste documento é o seguinte:

- Título
- Requisição de Projeto de arquitetura e contexto
- Descrição do projeto Arquitetura e escopo
- Cenário Geral da Visão da Arquitetura
- A mudança específica de procedimentos do escopo
- Funções, responsabilidades e entregáveis
- Os critérios de aceite e procedimentos
- Planejamento do projeto de Arquitetura e cronograma
- Aprovações

3.9 Visão da Arquitetura

A Visão da Arquitetura é criada na Fase A e fornece um resumo de alto nível das mudanças para a empresa que se seguirão a partir da implantação bem sucedida da Arquitetura Alvo.

O objetivo da visão é acordar no início qual será o resultado desejado da arquitetura, para que os arquitetos possam se concentrar nos detalhes necessários para validar a viabilidade. Fornecer uma Visão da

Arquitetura também suporta a comunicação das partes interessadas, fornecendo uma versão resumida de toda Definição de Arquitetura.

Cenários de negócio são uma técnica adequada e importante que pode ser usada como parte do processo no desenvolvimento do documento de Visão da Arquitetura.

Os conteúdos sugeridos são os seguintes:
- Descrição do problema:
  - As partes interessadas e suas preocupações;
  - Lista de problemas / cenários a serem abordados
- Objetivo da Declaração de Trabalho Arquitetura;
- Resumo das visões necessárias para a Requisição para Trabalho de Arquitetura e de Arquiteturas de alto nível de Negócio, de Aplicativo, de Dados e de Tecnologia;
- Requisitos mapeados;
- Referência ao Rascunho do Documento de Definição de Arquitetura

3.10 Gerenciamento das Partes Interessadas (Stakeholders)

O Gerenciamento das Partes Interessadas é uma disciplina importante que os arquitetos podem usar para ganhar o apoio dos outros. Ele ajuda a assegurar que os seus projetos obtenham sucesso onde outros falham. A técnica deve ser usada durante a Fase A para identificar os atores principais na contratação, e também deve ser atualizada ao longo de cada fase. A saída deste processo molda o início de um Planejamento de Comunicação (ver Seção 3.11).

Os benefícios de um bom gerenciamento das partes interessadas são os seguintes:
- As partes interessadas mais poderosas podem ser identificadas precocemente, e suas interações podem, então, ser usados para

modelar a arquitetura, o que garante o seu apoio e melhora a qualidade dos modelos produzidos.
- O Apoio das partes interessadas mais poderosas ajudará a iniciativa de arquitetura a ganhar mais recurso(s), tornando-a, assim, mais propensa ao sucesso.
- Ao comunicar-se frequente e precocemente com as partes interessadas a equipe de arquitetura pode garantir o pleno entendimento do processo de arquitetura e os benefícios da arquitetura corporativa, o que significa que podem apoiar a equipe de arquitetura de forma mais ativa, quando necessário.
- A equipe de arquitetura pode antecipar prováveis reações aos modelos de arquitetura e relatórios, e também construir no planejamento as ações que serão necessárias para capitalizar a reação positiva, evitando ou direcionando quaisquer reações negativas.
- A equipe de arquitetura pode identificar objetivos conflitantes ou concorrentes entre as partes interessadas antecipadamente e desenvolver uma estratégia para resolver os problemas decorrentes.

3.10.1 Passos do Processo de Gerenciamento das Partes Interessadas

Passo 1: Identificar as Partes Interessadas

A primeira tarefa é determinar quem são as partes interessadas da arquitetura corporativa.

A análise das partes interessadas determina 22 tipos de partes interessadas, em cinco grandes categorias, como é mostrado na Figura 3.

Passo 2: Classificar os Cargos das Partes Interessadas

Desenvolver uma boa compreensão das partes mais importantes e registrar esta análise (como mostrado no exemplo da Tabela 8) para referência e atualização durante o projeto.

Passo 3: Determinar a Abordagem do Gerenciamento das Partes Interessadas

Esta etapa permite à equipe visualizar facilmente se as partes interessadas deverão ser bloqueadoras ou críticas, e quais partes interessadas são suscetíveis de serem defensoras e apoiadoras da iniciativa.

Trabalhar o poder, a influência e o empenho das partes interessadas, de modo a concentrar o engajamento à arquitetura corporativa sobre os principais envolvidos. Estes podem ser mapeados em uma matriz de poder/interesse, o que também indica a estratégia que você precisa adotar para se envolver com eles.

A Figura 4 mostra um exemplo de matriz de poder.

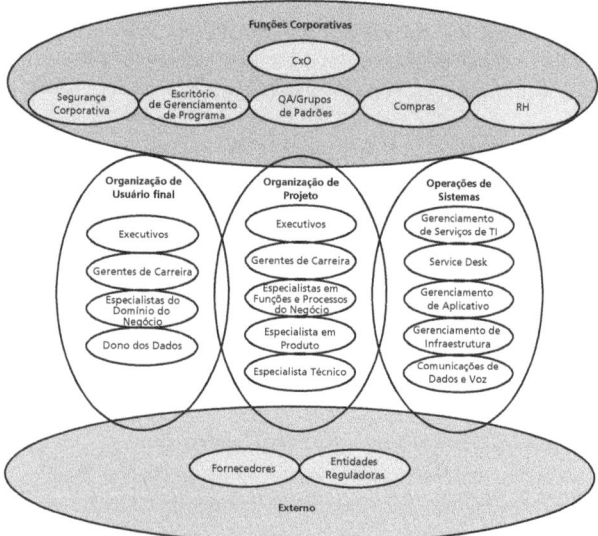

Figura 3: Categorias das Partes Interessadas

Tabela 8: Exemplo de Análise de Partes Interessadas

Grupo de Partes Interessadas	Parte Interessada	Capacidade de Deflagrar a Mudança	Entendimento atual	Entendimento necessário	Comprometimento atual	Comprometimento necessário	Suporte necessário
CIO	John Smith	A	M	A	B	M	A
CFO	Jeff Brown	M	M	M	B	M	M

A=Alto(a) / M=Média / B=Baixo(a)

Passo 4: Adaptar os Entregáveis de Engajamento

Identificar catálogos, matrizes e diagramas que o engajamento da arquitetura precisa produzir e validar com cada grupo de interessados para entregar um modelo de arquitetura efetivo.

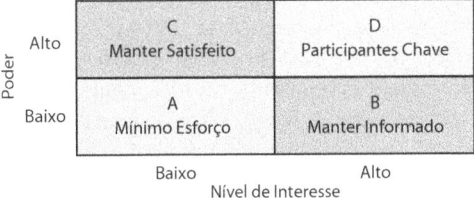

Figura 4: Matriz de Poder

É importante prestar especial atenção às preocupações das partes interessadas através da definição de catálogos específicos, matrizes e diagramas que são relevantes para um determinado modelo de arquitetura corporativa. Isso permite que a arquitetura seja comunicada e compreendida por todas as partes interessadas e que lhes permita verificar que a iniciativa de arquitetura corporativa vai tratar de suas preocupações.

3.11 Planejamento de Comunicação

Arquiteturas corporativas contêm grandes volumes de informações complexas e interdependentes. Uma comunicação efetiva com informações direcionadas para os interessados certos na hora certa é um fator crítico de sucesso para a arquitetura corporativa. O desenvolvimento de um Planejamento de Comunicação para a arquitetura na Fase A permite que esta comunicação seja realizada dentro de um processo planejado e gerenciado.

O conteúdo típico de um Planejamento de Comunicação é:
- Identificação das partes interessadas e seu agrupamento por necessidades de comunicação
- Identificação das necessidades de comunicação, mensagens chaves em relação à Visão da Arquitetura, riscos de comunicação e Fatores Críticos de Sucesso (FCS)
- Identificação de mecanismos que serão utilizados para se comunicar com as partes interessadas e permitir o acesso à informação, à arquitetura, tais como: reuniões, boletins informativos, repositórios, etc.
- Identificação de um calendário de comunicação, mostrando quais formas de comunicação irão ocorrer com quais grupos de interessados, em que momentos, e em quais locais.

3.12 Avaliação da Prontidão para Transformação do Negócio

A técnica conhecida como "Avaliação da Prontidão para Transformação do Negócio" é realizada na Fase A para avaliar o quanto uma organização está preparada para sofrer uma transformação.

Compreender a disposição da organização para aceitar a mudança, identificar os problemas e, então, lidar com eles é fundamental para o sucesso na transformação da arquitetura. Esta avaliação é recomendada para ser um esforço conjunto entre o "staff" das empresas, as linhas de negócio, e os planejadores de TI.

As atividades recomendadas são:
- Determinar os fatores de prontidão que terão impacto sobre a organização;
- Apresentar os fatores de prontidão utilizando modelos de maturidade;
- Avaliar os riscos para cada fator de prontidão e identificar ações de melhorias para mitigar o risco.

Documentar os resultados na Avaliação de Capacidades (ver Seção 3.13), e, posteriormente, incorporar as ações ao Planejamento de Migração e Implementação.

3.13 Avaliação de Capacidades

Antes de iniciar uma detalhada Definição de Arquitetura é importante entender o nível de capacidade alvo e de linha de base da empresa. Esta Avaliação de Capacidade é primeiramente realizada na Fase A e atualizada na Fase E.

A avaliação pode ser examinada em vários níveis:
- Qual é o nível de capacidade da corporação como um todo? Onde é que a corporação deseja aumentar ou otimizar suas capacidades? Quais são as áreas de foco que irão apoiar o desenvolvimento desejado da empresa?
- Qual é a capacidade ou o nível de maturidade da função de TI dentro da corporação? Quais são as implicações prováveis de conduzir o projeto de arquitetura por períodos ou por governança de design, governança operacional, capacidades e estrutura da organização? Qual seria o estilo apropriado, o nível de formalidade e a quantidade

de detalhes do projeto de arquitetura que se adaptam à cultura e à capacidade da organização de TI?
- Qual a capacidade e a maturidade da função arquitetura dentro da empresa? Quais ativos de arquitetura existem atualmente? São estes ativos mantidos e precisos? Que padrões e modelos de referência precisam ser considerados? Há probabilidade de haver oportunidades para criar ativos reutilizáveis durante o projeto de arquitetura?
- Onde existem diferenças de capacidades e até que ponto o negócio está pronto para se transformar a fim de alcançar a capacidade alvo? Quais são os riscos para a transformação, as barreiras culturais e outras considerações a serem abordadas, além da lacuna de capacidades básicas?

O seguinte conteúdo é típico dentro de uma Avaliação de Capacidade entregável:
- Avaliação de Capacidade de Negócio, incluindo:
  - Capacidades do negócio;
  - Avaliação do estado da linha de base e do nível de desempenho de cada capacidade;
  - Visão do estado de futuro para o nível de desempenho de cada capacidade;
  - Avaliação do estado da linha de base, de como cada capacidade é percebida;
  - Ambição do estado futuro de como cada capacidade deveria ser percebida;
  - Avaliação dos impactos prováveis para a organização de negócio resultante da implantação bem-sucedida da Arquitetura Alvo.
- Avaliação de Capacidade de TI, incluindo:
  - Nível de maturidade alvo e da linha de base do processo de mudança
  - Nível de maturidade alvo e da linha de base dos processos operacionais

- Capacidade da linha de base e avaliação da capacidade
   - Avaliação dos impactos prováveis para a organização de TI resultantes da implantação bem-sucedida da Arquitetura Alvo.
- Avaliação da Maturidade de Arquitetura, incluindo:
   - Governança da Arquitetura dos processos, organização, funções e responsabilidades
   - Avaliação de competências de Arquitetura
   - Amplitude, profundidade e qualidade de definição do panorama dentro do Repositório de Arquitetura
   - Amplitude, profundidade e qualidade da definição de padrões dentro do Repositório de Arquitetura
   - Amplitude, profundidade e qualidade da definição do modelo de referência dentro do Repositório Arquitetura
   - Avaliação do potencial de reutilização
- Avaliação da Prontidão para Transformação do Negócio, incluindo:
   - Fatores de prontidão
   - Visão para cada fator de prontidão
   - Níveis de prontidão alvo e atual
   - Riscos de prontidão

3.14 Gerenciamento de Risco

A identificação de riscos de transformação de negócio e as atividades de mitigação são, a princípio, determinados na Fase A. O gerenciamento de riscos, documentado no TOGAF, Parte III, Capítulo 31, é uma técnica usada para mitigar o risco ao implementar um projeto de arquitetura. Ele inclui um processo de gerenciamento de riscos, consistindo nas seguintes atividades:

- Classificação dos riscos
- Identificação dos riscos
- Avaliação do risco inicial
- Mitigação dos riscos e a avaliação do risco residual
- Monitoramento dos Riscos

Recomenda-se que atividades de mitigação de risco sejam incluídas na Declaração de Trabalho da Arquitetura.

3.15 Documento de Definição da Arquitetura

O Documento de Definição de Arquitetura é o contêiner de entregáveis que abriga os principais artefatos de arquitetura criados durante um projeto e para importantes informações relacionadas a ele. O Documento de Definição de Arquitetura abrange todos os domínios da arquitetura (Negócio, Dados, Aplicativo e Tecnologia) e também examina todos os estados relevantes da arquitetura (linha de base, transição e alvo).

É criado pela primeira vez na Fase A, onde é preenchido com os artefatos elaborados para apoiar a Visão da Arquitetura. Ele é atualizado na Fase B, com o material relacionado à Arquitetura de Negócio, e, posteriormente, atualizado com as informações da Arquitetura de Sistemas de Informação na Fase C, e, em seguida, com material da Arquitetura de Tecnologia na Fase D. Quando o escopo da mudança para implementar a Arquitetura Alvo exigir uma abordagem incremental, o Documento de Definição de Arquitetura será atualizado para incluir uma ou mais Arquiteturas de Transição na Fase E (ver Seção 3.27).

O Documento de Definição de Arquitetura é um acompanhamento da Especificação de Requisitos de Arquitetura, com um objetivo complementar:

- O Documento de Definição de Arquitetura fornece uma visão qualitativa da solução e visa comunicar a intenção dos arquitetos.
- A Especificação de Requisitos de Arquitetura fornece uma visão quantitativa da solução, estabelecendo critérios mensuráveis que devem ser cumpridos durante a implementação da arquitetura.

Os seguintes conteúdos são tipicamente encontrados dentro de um documento Definição de Arquitetura:
- Escopo
- Metas, objetivos e restrições
- Princípios de Arquitetura
- Linha de Base da Arquitetura
- Modelos de Arquitetura (para cada estado a ser modelado):
  - Modelos de Arquitetura de Negócio
  - Modelos de Arquitetura de Dados
  - Modelos de Arquitetura de Aplicativos
  - Modelos da Arquitetura de Tecnologia
- Racional e justificativa para a abordagem arquitetural
- Mapeamento do Repositório de Arquitetura:
  - Mapeamento para Panorama de Arquitetura
  - Mapeamento para modelos de referência
  - Mapeamento para padrões
  - Avaliação de Reutilização
- Análise de Diferenças
- Avaliação do impacto
- Arquitetura de Transição (ver Seção 3.27)

As seções seguintes analisam cada uma das arquiteturas mais detalhadamente.

3.15.1 Arquitetura de Negócio

A Arquitetura de Negócio é desenvolvida na Fase B. Os tópicos que devem ser abordados no Documento de Definição de Arquitetura relacionados à Arquitetura de Negócio são os seguintes:

- Linha de Base da Arquitetura de Negócio se for o caso - esta é uma descrição da Arquitetura de Negócio existente

- Arquitetura de Negócio Alvo, incluindo:
  - Estrutura organizacional - identificação de locais de negócio, relacionando-os às unidades organizacionais
  - Metas e objetivos de negócio - para a corporação e cada unidade organizacional
  - Funções de negócio – uma etapa detalhada e recursiva, envolvendo decomposição sucessiva de grandes áreas funcionais em sub-funções
  - Serviços de Negócio - os serviços que a corporação e cada unidade da corporação fornecem aos seus clientes, como os processos de negócio internos e externos
  - Processos de Negócio – incluindo métricas e entregáveis
  - Funções de Negócio, incluindo o desenvolvimento e a modificação de requisitos de competências
  - Modelo de dados do Negócio
  - Correlação entre organização e funções - relação entre as funções de negócio relacionadas e as unidades organizacionais relatadas na forma de matriz
  - Visões correspondentes a determinados pontos de vista abordando as preocupações das principais partes interessadas

3.15.2 Arquiteturas de Sistemas de Informação

As Arquiteturas de Sistemas da Informação são desenvolvidas na Fase C. Os tópicos que devem ser abordados no documento de Definição de Arquitetura relacionados às Arquiteturas de Sistemas de Informação são os seguintes:

- Linha de Base da Arquitetura de Dados se for o caso.
- Arquitetura de Dados Alvo, incluindo:
  - Modelo de dados de negócio
  - Modelo lógico de dados
  - Modelos de Processo de gerenciamento de dados
  - Entidade de dados / Matriz da Função de Negócio

- Visões da Arquitetura de Dados correspondentes aos pontos de vista selecionados abrangendo as preocupações das principais partes interessadas
- Linha de Base da Arquitetura de Aplicativo se for o caso.
- Arquitetura de Aplicativo Alvo, incluindo:
  - Modelo de sistemas de processo
  - Modelo de sistemas de locais
  - Modelo de sistemas de tempo
  - Modelo de sistemas de pessoas
- Visões da Arquitetura de Aplicativo correspondentes a determinados pontos de vista abrangendo as preocupações das principais partes interessadas.

3.15.3 Arquitetura de Tecnologia

A Arquitetura de Tecnologia é desenvolvida como parte da Fase D. Os tópicos que devem ser abordados no Documento de Definição de Arquitetura relacionados à Arquitetura de Tecnologia são os seguintes:

- Linha de Base da Arquitetura de Tecnologia se for o caso.
- Arquitetura de Tecnologia Alvo, incluindo:
  - Componentes de tecnologia e suas relações com os sistemas de informação
  - As plataformas tecnológicas e sua decomposição, mostrando as combinações de tecnologias necessárias para realizar uma determinada "pilha" tecnológica
  - Ambientes e locais - um agrupamento das tecnologias necessárias em ambientes de computação (por exemplo: desenvolvimento, produção)
  - Carga de processamento esperada e distribuição de carga entre os componentes de tecnologia
  - Comunicações (redes) físicas
  - Especificações de hardware e de rede

- Visões correspondentes a determinados pontos de vista abrangendo as preocupações das principais partes interessadas.

3.16 Especificação de Requisitos de Arquitetura

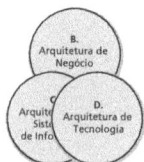

A Especificação de Requisitos de Arquitetura fornece um conjunto de declarações quantitativas que descrevem o que um projeto de implementação deve fazer para cumprir com a arquitetura. Uma Arquitetura Especificação de Requisitos normalmente forma um componente maior de um contrato de execução ou de contrato para a definição de arquitetura mais detalhada.

Como mencionado acima, a Especificação de Requisitos de Arquitetura é um complemento ao documento Definição de Arquitetura, com um objetivo complementar para fornecer o ponto de vista quantitativo.

Os seguintes conteúdos são típicos dentro de uma Especificação de Requisitos de Arquitetura:
- Indicadores (métricas) de sucesso
- Requisitos de arquitetura
- Contratos de serviços de negócio
- Contratos de serviços de aplicativo
- Diretrizes de implementação
- Especificações de implementação
- Padrões de implementação
- Requisitos de interoperabilidade (veja Seção 3.16.4)
- Requisitos de gerenciamento de serviços de TI
- Restrições
- Pressupostos

3.16.1 Requisitos de Arquitetura de Negócio

Os Requisitos de Arquitetura de Negócio que preenchem a Especificação de Requisitos na Fase B incluem:
- Resultados da análise de diferenças
- Requisitos técnicos
  Um conjunto inicial de requisitos técnicos deve ser gerado como a saída da Fase B (Arquitetura de Negócio). Estes são os motivadores para o trabalho de Arquitetura de Tecnologia que se segue, e devem identificar categorizar e priorizar as implicações para o trabalho nos domínios restantes da arquitetura; por exemplo: pela matriz de dependência / prioridade (orientando as "trocas" entre a velocidade de processamento de transações e segurança); lista dos modelos específicos que são esperados ser produzidos (por exemplo, expressos como primitivos do Framework do Zachman).
- Requisitos de negócio atualizados
  A técnica de "cenário de negócio" é usada para descobrir e documentar requisitos de negócio.

3.16.2 Requisitos da Arquitetura de Sistemas de Informação

Os Requisitos da Arquitetura de Sistemas de Informação que preenchem a Especificação de Requisitos da Arquitetura na Fase C incluem:
- Resultados da análise de diferenças
- Requisitos de interoperabilidade dos dados
- Requisitos da interoperabilidade dos aplicativos
- Áreas onde a Arquitetura de Negócio pode precisar mudar de forma a fim de cumprir com as mudanças nos dados e / ou Arquitetura de Aplicativo
- Restrições na Arquitetura de Tecnologia a serem desenhadas
- Requisitos de negócio, atualizados se for o caso
- Requisitos de aplicativo, atualizados se for o caso
- Requisitos de dados, atualizados se for o caso

3.16.3 Requisitos da Arquitetura de Tecnologia
Os Requisitos da Arquitetura de Tecnologia que preenchem a Especificação de Requisitos de Arquitetura na Fase D e incluem:
- Resultados da análise de diferenças
- Requisitos de tecnologia atualizados

3.16.4 Requisitos de Interoperabilidade
A determinação de interoperabilidade está presente em todo o ciclo do ADM. Um conjunto de diretrizes é fornecido no TOGAF, Parte III, Capítulo 29, para definir e estabelecer os requisitos de interoperabilidade.

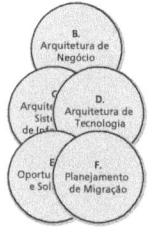

3.17 Roteiro (Roadmap) de Arquitetura
O Roteiro de Arquitetura relaciona pacotes de trabalho individuais que materializarão a abrangência da Arquitetura Alvo e os colocarão em uma linha de tempo para mostrar a progressão da Arquitetura de Linha de Base para a Arquitetura Alvo. O Roteiro de Arquitetura destaca o valor dos pacotes de trabalho individuais de cada empresa em cada etapa. Arquiteturas de Transição necessárias para efetivamente realizar a arquitetura alvo são identificadas como passos intermediários. O Roteiro de Arquitetura é incrementalmente desenvolvido ao longo das Fases E e F, e informado pelos componentes desenvolvidos nas Fases B, C e D. Os seguintes conteúdos são tipicamente encontrados dentro de um Roteiro de Arquitetura:
- Portfólio de pacote de trabalho:
  - Descrição do pacote de trabalho (nome, descrição, objetivos, entregáveis)
  - Requisitos funcionais
  - Dependências
  - Relação com a oportunidade
  - Relação com o Documento de Definição de Arquitetura e Especificação dos Requisitos da Arquitetura

- Valor ao Negócio
- Avaliação do Fator de Implementação e Matriz de Dedução, incluindo:
  - Riscos
  - Problemas
  - Pressupostos
  - Dependências
  - Ações
  - Impacto
- Diferenças Consolidadas, Soluções, e Matriz de Dependências, incluindo:
  - Arquitetura de domínio
  - Diferenças
  - Soluções potenciais
  - Dependências
- Arquiteturas de Transição se houver
- Recomendações de Implementação:
  - Critérios / métricas de efetividade dos projetos
  - Riscos e problemas
  - Blocos de Construção de Solução (BCS – "Solution Bulding Block")

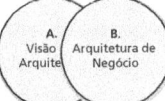

3.18 Cenários de Negócio

O ADM tem seu próprio método (um "método-dentro-de-um-método") para identificar e articular os requisitos do negócio que resultam em novas funcionalidades de negócio para atender motivadores de negócio chaves e os requisitos de uma arquitetura implícita. Este processo é conhecido como "Cenários de Negócio".

Um cenário de negócio é uma descrição de um problema de negócio, que permite que os requisitos sejam confrontados no contexto do problema como um todo. Sem tal descrição para servir como contexto, o valor de negócio ao resolver o problema não é claro, a relevância de possíveis soluções não é clara, e há o perigo da solução ser baseada em um conjunto de requisitos inadequados.

Um fator chave para o sucesso de qualquer outro projeto maior é a extensão na qual ele está vinculado aos requisitos de negócio, e comprovadamente suporta e permite que a empresa alcance seus objetivos de negócio. Cenários de negócio é uma técnica importante para ajudar a identificar e compreender as necessidades do negócio. A técnica pode ser usada de forma iterativa, em diferentes níveis de detalhe na decomposição hierárquica da Arquitetura de Negócio. O processo de cenário de negócio genérico é o seguinte:

- Identificar, documentar e classificar o problema que está direcionando o projeto
- Documentar, na forma de modelos de alto nível de arquitetura, o negócio e ambientes técnicos onde a situação problema está ocorrendo
- Identificar e documentar os objetivos desejados; os resultados de lidar com os problemas com sucesso
- Identificar os atores humanos e suas posições no modelo de negócio, o seres humanos participantes e seus papéis
- Identificar os atores computacionais e suas posições no modelo de tecnologia, elementos computacionais e seus papéis
- Identificar e documentar papéis, responsabilidades e indicadores (métricas) de sucesso por ator, os "scripts" necessários por ator, e os resultados desejados ao lidar com a situação da forma devida
- Verificar se há adequação por finalidade, visando inspiração subsequente para o trabalho de arquitetura e refinar apenas se for necessário

3.19 Análise de Diferenças (Gap Analysis)

A técnica conhecida como análise de diferenças é amplamente utilizada no ADM para validar uma arquitetura que está sendo desenvolvida. Geralmente é o último passo dentro de uma fase. A premissa básica é destacar um déficit entre a Arquitetura de Linha de Base e a Arquitetura Alvo, isto é, itens que foram deliberadamente omitidos, acidentalmente deixados de fora, ou ainda não definidos.

Os passos são os seguintes:
- Elaborar uma matriz com todos os Blocos de Construção de Arquitetura (BCA) da Arquitetura de Linha de Base no o eixo vertical e todos os BCAs da Arquitetura Alvo no eixo horizontal.
- Adicionar ao eixo da Arquitetura de Linha de Base uma linha final rotulada como "Novos BCAs", e ao eixo da Arquitetura Alvo uma coluna final rotulada como "BCAs Eliminados".
- Quando um BCA estiver disponível na "Arquitetura de Linha de Base" e na "Arquitetura Alvo", marcar isso como "Incluídos" na célula de interseção.
- Quando um BCA da "Arquitetura de Linha de Base" estiver em falta na coluna "Arquitetura Alvo", cada um deve ser revisto. Se ele foi corretamente eliminado, marcá-lo como tal na respectiva célula "Eliminado". Caso não tenha sido, foi descoberta uma omissão acidental na Arquitetura Alvo, que deve ser abordada através do restabelecimento de BCA na próxima iteração do desenho de arquitetura – sendo marcada como tal na respectiva célula "Eliminado".
- Quando um BCA, a partir da "Arquitetura Alvo", não puder ser encontrado na "Linha de Base da Arquitetura", marcá-lo como "Novo" na linha no cruzamento, como uma diferença (gap) que precisa ser

preenchida, quer seja através do desenvolvimento ou através da aquisição do bloco de construção.

Quando o exercício estiver completo, qualquer item classificado como "Serviços Eliminados" ou "Novos Serviços" será uma lacuna (ou diferença), e estes serviços deverão ser explicados como "corretamente eliminados" ou marcados como "a serem tratados" pelo restabelecimento ou desenvolvimento / aquisição da função.

A Tabela 9 mostra exemplos de diferenças entre a "Arquitetura de Linha de Base" e a "Arquitetura Alvo", neste caso, os elementos em falta são "serviços de transmissão" e "serviços de compartilhamento de tela".

Tabela 9: Exemplo de Análise de Diferenças

Arquitetura Alvo → Arquitetura de Linha de Base ↓	Serviços de Vídeo Conferência	Serviços de Telefonia Avançados	Serviços de Lista de Distribuição	Serviços Eliminados ↓
Serviços de Broadcast				Intencionalmente eliminado
Serviços de Videoconferência	Incluído			
Serviços de Telefonia Avançados		Potencialmente OK		

Serviços de Compartilhamento de Tela				Eliminado de forma não intencional – Lacuna na Arquitetura Alvo
NOVO ->			Lacuna: Serviços aprimorados a serem desenvolvidos ou produzidos	Lacuna: Serviços aprimorados a serem desenvolvidos ou produzidos

A técnica de análise de diferenças deve ser utilizada nas Fases B, C, D e E do ADM.

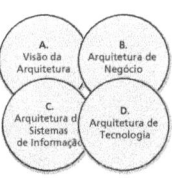

3.20 Pontos de Vista de Arquitetura

O arquiteto utiliza visões e pontos de vista no ciclo de ADM durante as fases de A a D para o desenvolvimento de arquiteturas para cada domínio (Negócio, Dados, Aplicativos e Tecnologia). A "visão" é o que você vê. O "ponto de vista" é partir de onde você está olhando, ou a perspectiva que determina o que você vê (um ponto de vista também pode ser pensado como um esquema). Pontos de vista são genéricos e podem ser armazenados em bibliotecas para reutilização. A visão é sempre específica para uma arquitetura para a qual foi criada. Cada visão tem um ponto de vista associado que a descreve, ao menos implicitamente.

A ISO / IEC 42010:2007 incentiva arquitetos a definir pontos de vista explicitamente. Fazer essa distinção entre o conteúdo e o esquema de uma visão pode parecer em um primeiro momento, uma sobrecarga desnecessária, mas fornece um mecanismo para reutilizar pontos de vista entre arquiteturas diferentes.

Para ilustrar os conceitos de visões e pontos de vista, considere o Exemplo 1. Este é um sistema de aeroportos muito simples com duas partes interessadas diferentes: o piloto e o controlador de tráfego aéreo.

Exemplo 1: Visões e Pontos de Vista de um Sistema Simples de Aeroporto

> **Visões e Pontos de Vista de um Sistema Simples de Aeroporto**
> O piloto tem uma visão do sistema e o controlador de tráfego aéreo tem outra. Nenhuma visão representa todo o sistema, porque a perspectiva de cada parte interessada limita (e reduz) a forma como cada um deles vê o sistema como um todo.
> A visão do piloto compreende alguns elementos não vistos pelo controlador, tais como passageiros e combustível, ao passo que a visão do controlador é composta por alguns elementos não vistos pelo piloto, como outros aviões. Há também elementos compartilhados entre as visões, como o modelo de comunicação entre o piloto e o controlador e as informações vitais sobre o próprio avião.
> Um ponto de vista é um modelo (ou descrição) da informação contida em uma visão. Neste exemplo, um ponto de vista é a descrição de como o piloto vê o sistema, e o outro ponto de vista é a forma como o controlador vê. Pilotos descrevem o sistema a partir de sua perspectiva, utilizando um modelo de sua posição e vetor, em direção ou para longe da pista. Todos os pilotos usam este modelo, e o modelo tem uma linguagem específica que é utilizada para capturar informações e preencher o modelo. Controladores descrevem o sistema de maneira diferente, usando um modelo do espaço aéreo e as localizações e vetores de aeronaves dentro do espaço aéreo. Novamente, todos os

> controladores utilizam uma linguagem comum derivada do modelo
> comum, a fim de capturar e comunicar as informações pertinentes ao
> seu ponto de vista.
>
> Felizmente, quando os controladores conversam com os pilotos, eles
> usam uma linguagem de comunicação comum. (Em outras palavras, os
> modelos que representam seus pontos de vista individuais parcialmente
> se cruzam.) Parte dessa linguagem comum é sobre a localização
> e vetores de aeronaves, e é essencial para a segurança. Então, em
> essência, cada ponto de vista é um modelo abstrato de como todas as
> partes interessadas de um tipo particular - todos os pilotos, ou todos
> os controladores – têm a visão do sistema aeroportuário. A interface
> humana para o usuário de uma ferramenta é tipicamente próxima ao
> modelo e a linguagem associada ao ponto de vista. As ferramentas
> exclusivas do piloto são combustível, altitude, velocidade e indicadores
> de localização. A principal ferramenta do controlador é o radar.
> A ferramenta comum é um rádio.

Resumindo a partir do Exemplo 1, podemos ver que a visão pode ser um subconjunto do sistema criado através da perspectiva da parte interessada, como o piloto em relação ao controlador. Esse subconjunto pode ser descrito por um modelo abstrato chamado "ponto de vista", como um voo versus um modelo de espaço aéreo. Esta descrição da visão é documentada em uma linguagem parcialmente especializada, tal como "fala do piloto" versus "fala do controlador". Ferramentas são utilizadas para ajudar as partes interessadas, e sua interação em termos de linguagem derivada do ponto de vista. Quando as partes interessadas utilizam ferramentas comuns, como o contato de rádio entre o piloto e o controlador, uma linguagem comum é essencial.

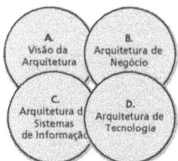

3.21 Visões de Arquitetura

Visões de arquitetura são representações significativas da arquitetura global para uma ou mais partes interessadas no sistema. O arquiteto escolhe e desenvolve um conjunto de visões no ciclo de ADM durante as Fases de A até a D, que permitem que a arquitetura seja comunicada para e compreendida por todas as partes interessadas, e as capacite para verificar se o sistema abordará suas preocupações. Os conceitos na Seção 5.3 são fundamentais para o uso de visões de arquitetura dentro do TOGAF.

3.21.1 Desenvolvendo Visões no ADM

A escolha de qual particular visão da arquitetura deve ser desenvolvida é uma das principais decisões que o arquiteto tem que tomar.

O arquiteto tem uma responsabilidade de garantir a completude (adequação à finalidade) da arquitetura, em termos de abordar adequadamente todas as preocupações pertinentes de suas partes interessadas e à integridade da arquitetura, em termos de conectar todas as visões diferentes entre si, de forma satisfatória, conciliando as preocupações conflitantes das diferentes partes interessadas, e mostrando as trocas feitas para realizar a conciliação (como entre segurança e desempenho, por exemplo).

3.22 Blocos de Construção de Arquitetura

Blocos de Construção de Arquitetura (BCAs) são documentos de arquitetura e de modelos a partir do Repositório de Arquitetura da corporação, classificados de acordo com o Continuum da Arquitetura (ver Capítulo 6). Eles são

definidos ou selecionados durante a aplicação do ADM (principalmente nas Fases A, B, C e D). As características dos BCAs são as seguintes:
- Capturam os requisitos de arquitetura; Ex.: requisitos de negócio, dados, aplicativo e tecnológicos.
- Direcionam e orientam o desenvolvimento de Blocos de Construção de Solução (BCSs).

O conteúdo das especificações BCA inclui, no mínimo, o seguinte:
- Funcionalidades e atributos fundamentais: a semântica, sem ambiguidades, incluindo capacidades de segurança e gerenciamento.
- Interfaces: conjunto escolhido, fornecido (APIs, formatos de dados, protocolos, interfaces de hardware, padrões)
- Interoperabilidade e relacionamento com outros blocos de construção
- Blocos de construção dependentes com as funcionalidades necessárias e interfaces de usuário nominado
- Mapa para entidades de negócio/organizacionais e políticas

Cada BCA deve incluir uma declaração de qualquer documentação de arquitetura e modelos a partir do Repositório de Arquitetura da corporação que possam ser reutilizados no desenvolvimento da arquitetura. A especificação de blocos de construção utilizando o ADM é um processo evolutivo e iterativo.

Veja a Seção 5.5 para mais informações.

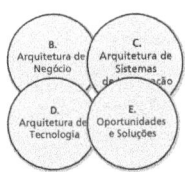

3.23 Blocos de Construção de Solução

Blocos de Construção de Solução (BCSs) referem-se ao Continuum de Soluções. Eles são implementações das arquiteturas identificadas no Continuum da Arquitetura da corporação e podem ser adquiridos ou desenvolvidos.

BCSs aparecem na Fase E do ADM, onde os blocos de construção específicos de produtos são considerados pela primeira vez. BCSs definem quais produtos e componentes implementarão a funcionalidade, com isso definindo sua implementação. Eles preenchem os requisitos de negócio e são sensíveis a produtos e fornecedores. O conteúdo de uma especificação BCS inclui, no mínimo, o seguinte:
- Funcionalidades e atributos específicos
- Interfaces; o conjunto implementado
- BCSs necessários usados com a funcionalidade necessária e os nomes das interfaces usadas
- Mapeamento a partir dos BCSs até a topologia de TI e as políticas operacionais
- Especificações de atributos em comuns, tais como gerenciamento, segurança, rastreabilidade, escalabilidade
- Desempenho, configurabilidade
- Motivadores de desenho e restrições, incluindo a arquitetura física
- As relações entre a BCSs e BCAs

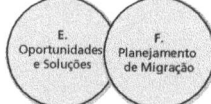

3.24 Planejamento Baseado em Capacidades

As Fases E e F representam um método detalhado para a definição e planejamento de transformação corporativa apoiada nos princípios do planejamento baseado em capacidades. Uma técnica de planejamento de negócio que foca nos resultados do negócio. É orientado ao negócio e pelo negócio, e combina os esforços necessários de todas as linhas de negócio para atingir a capacidade desejada. Ela acomoda a maioria, senão todos, os modelos de negócio corporativos e é especialmente útil em organizações onde uma capacidade latente para responder (por exemplo, uma unidade de prontidão para emergências) é necessária e os mesmos recursos estão envolvidos em múltiplas capacidades. Frequentemente, a necessidade destas capacidades é descoberta e aperfeiçoada utilizando-se cenários de negócio.

A Figura 5 ilustra a relação entre o planejamento baseado em capacidades, arquitetura corporativa e gerenciamento de projetos/portfólio.

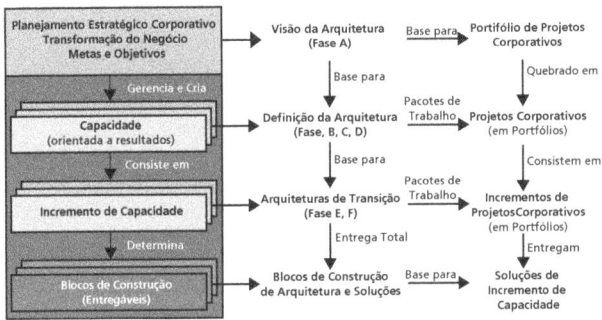

Figura 5: Relacionamento entre Capacidades, Arquitetura Corporativa e Projetos

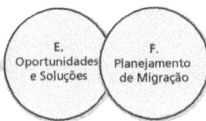

3.25 Técnicas de Planejamento da Migração

Uma série de técnicas é fornecida para apoiar o Planejamento da Migração nas Fases E e F. Estas técnicas são descritas nas seções seguintes.

3.25.1 Avaliação do Fator de Implementação e Matriz de Dedução

A técnica de criação de uma Avaliação de Fator de Implementação e Matriz de Dedução é usada na Fase E para documentar fatores que têm impacto sobre o Planejamento de Migração e Implementação da Arquitetura. A matriz deve incluir uma lista dos fatores, suas descrições e as deduções (ou conclusões) que indicam as ações ou limitações que têm de ser levadas em consideração na formulação dos planejamentos.

Fatores típicos incluem: riscos, problemas, pressupostos, dependências, ações e impactos.

Um exemplo de matriz é mostrado na Tabela 10.

Tabela 10: Avaliação de Fator de Implementação e Matriz de Dedução

Avaliação de Fator de Implementação de Matriz de Dedução		
Fator	Descrição	Dedução
<Nome do Fator>	<Descrição do Fator>	<Impacto no Planejamento da Migração>
Mudança na Tecnologia	Encerrar os centros de mensagens, economizando 700 pessoas, substituindo-os por e-mail.	Necessidade de treinamento de pessoal, reatribuição. O uso de e-mail proporciona uma grande economia de pessoal e deve ser priorizado.
Consolidação de Serviços	...	...
Introdução de um Novo Serviço aos Clientes	...	...

3.25.2 Diferenças (Gaps) Consolidadas, Soluções e Matriz de Dependências

A técnica de criação de Gaps (diferenças) Consolidados, Soluções e Matriz de Dependências permite que o arquiteto agrupe as diferenças identificadas nos resultados de análises de diferenças da arquitetura do domínio e avalie potenciais soluções e dependências para um ou mais gaps, ou diferenças. Um exemplo é mostrado na Tabela 11. Esta matriz pode ser usada como uma ferramenta de planejamento na criação de pacotes de trabalho. As dependências identificadas orientam a criação de projetos e o Planejamento da Migração nas Fases E e F.

Tabela 11: Gaps (diferenças) Consolidados, Soluções, e Matriz de Dependências

Gaps Consolidados, Soluções, e Matriz de Dependências					
#	Arquitetura	Gap (ou diferença)	Soluções Potenciais	Dependências
1	Negócio	Processo de Processamento de Novo Pedido	Usar método de ferramenta de Software de Prateleira Implementar solução customizada	Leva a Aplicativo #2
2	Aplicativo	Processo de Processamento de Aplicativo	Ferramenta de Software de Prateleira x Desenvolver internamente	
3	Informação	Base de Informação de Clientes Consolidada	Usar Software de Prateleira de Base de Clientes Desenvolver Data Mart de Clientes	

3.25.3 Tabela de Incrementos de Definição da Arquitetura

A técnica de criação de uma Tabela de Incrementos de Definição da Arquitetura permite ao arquiteto planejar uma série de Arquiteturas de Transição descrevendo o status da arquitetura corporativa em momentos específicos. Uma tabela deve ser elaborada, como mostra a Tabela 12, listando os projetos e, em seguida, atribuindo seus entregáveis incrementais em todas as Arquiteturas de Transição.

Tabela 12: Exemplo de Tabela de Incrementos para Arquitetura

Definição de Arquitetura: Objetivos de Projetos por Incremento				
	Abril de 2009/2010	Abril de 2010/2011	Abril de 2011/2012	
Projeto	Arquitetura de Transição 1: Preparação	Arquitetura de Transição 2: Capacidade Operacional Inicial	Arquitetura de Transição 3: Benefícios	Comentários
Capacidade de e-Services da Corporação	Treinamento e Processo de Negócio	Capacidade de e-licensing	Benefícios de e-employment	
e-Forms de TI	Desenhar e Construir			
Ambiente de e-information de TI	Desenhar e Construir Ambiente de Informação	Dados Comuns de Clientes Conteúdo Web Desenhar e Construir	Dados Comuns da Corporação Documentar Gerenciar, Desenhar e Construir	
...	...	...	...	...

3.25.4 Tabela de Evolução do Estado da Arquitetura de Transição

A técnica de criação de uma Tabela de Evolução do Estado da Arquitetura de Transição permite que o arquiteto mostre o estado proposto das arquiteturas em vários níveis, usando o Modelo de Referência Técnica (MRT).

Uma tabela deve ser elaborada, listando os serviços do MRT usados na corporação, as Arquiteturas de Transição e as transformações propostas, como mostra a Tabela 13.

Todos os Blocos de Construção de Solução (BCSs) devem ser descritos em relação à suas entregas e os impactos sobre estes serviços. Eles também devem ser marcados para mostrar a progressão da arquitetura corporativa. No exemplo, onde a capacidade alvo tenha sido alcançada, isto é apresentado como "nova" ou "manter"; onde a capacidade é transformada em uma nova solução, isto é marcado como "transição", e onde a capacidade deve ser substituída, isto é marcado como "substituição".

Tabela 13: Exemplo de Tabela de Evolução do Estado da Arquitetura de Transição

Estado Arquitetural usando o Modelo de Referência Técnica				
Subdomínio	Serviço	Arquitetura de Transição 1	Arquitetura de Transição 2	Arquitetura de Transição 3
Aplicativos de Infraestrutura	Serviço de Troca de Informações	Sistema de Solução A (substituição)	Sistema de Solução B-1 (transição)	Solução de Sistema B-2 (nova)
	Sistema de Gerenciamento de Dados	Sistema de Solução D (manter)	Sistema de Solução D (manter)	Sistema de Solução D (manter)
...	...			

3.25.5 Técnica de Avaliação de Valor de Negócio

Uma técnica para avaliar o valor do negócio é a elaboração em uma matriz baseada em uma dimensão de índice de valor e uma dimensão de índice de risco. Um exemplo é mostrado na Figura 6. O índice de valor deve incluir critérios como a conformidade aos princípios, a contribuição financeira, o alinhamento estratégico e a posição competitiva. O índice de risco deve incluir critérios tais como tamanho e complexidade, tecnologia, capacidade organizacional e impacto de uma falha. A cada critério deve ser atribuído um peso individual.

Os índices e os seus critérios e pesos devem ser desenvolvidos e aprovados pela alta gerência. É importante estabelecer os critérios de tomada de decisão antes que as opções sejam conhecidas.

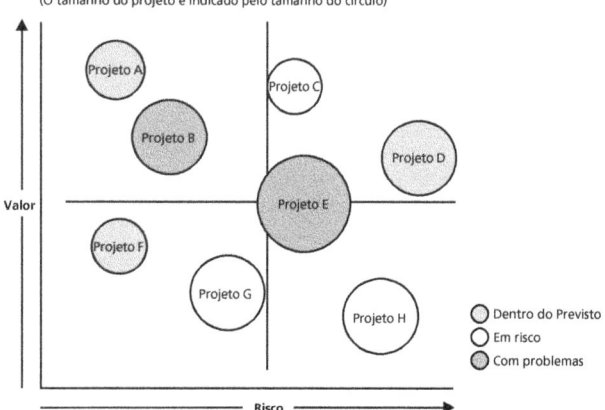

Figura 6: Matriz de Avaliação do Valor de Negócio

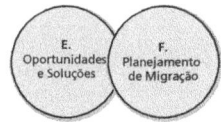

3.26 Planejamento de Migração e Implementação

O Planejamento de Migração e Implementação é desenvolvido nas Fases E e F, e oferece uma agenda de projetos para a implementação da arquitetura alvo.

O Planejamento de Implementação e Migração inclui projetos executáveis agrupados em portfólios gerenciados e programas. A Estratégia de Migração e Implementação identificando a abordagem para mudança é um elemento chave do Planejamento de Migração e Implementação.

Conteúdos típicos são os seguintes:
- Estratégia de Migração e Implementação:
  - Direção Estratégica de Implementação
  - Abordagem de Sequenciamento de Implementação
- Fragmentação do projeto e do portfólio de Implementação:
  - Atribuição de pacotes de trabalho para projeto e portfólio
  - Capacidades entregues pelos projetos
  - Marcos de implementação e tempo
  - Estrutura analítica do projeto
  - Poderá incluir o impacto sobre o portfólio existente, programa e projetos

Poderá conter:
- Termo de Abertura do Projeto:
  - Pacotes de trabalho Incluídos
  - Valor de negócio
  - Risco, problemas, pressupostos, dependências
  - Requisitos de recursos e custos
  - Benefícios da migração determinados (incluindo mapeamento para requisitos de negócio)
  - Custos estimados das opções de migração

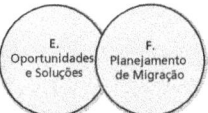

3.27 Arquitetura de Transição

Quando o escopo da mudança para implementar a Arquitetura Alvo requer uma abordagem incremental, uma ou mais Arquiteturas de Transição são definidas dentro do Documento de Definição de Arquitetura como saída da Fase E. Uma Arquitetura de Transição mostra a corporação em um estado de arquitetura considerado significativo entre a Linha de Base e a Arquiteturas Alvo. As Arquiteturas de Transição são usadas para descrever Arquiteturas Alvo intermediárias necessárias para a realização efetiva da Arquitetura Alvo. Estas fornecem uma capacidade de identificar metas claras ao longo do roteiro para a realização da Arquitetura Alvo.

Os seguintes conteúdos são típicos dentro de uma Arquitetura de Transição:
- Arquitetura de Transição:
  - Definição dos estados de transição
  - Arquitetura de Negócio para cada estado de transição
  - Arquitetura de Dados para cada estado de transição
  - Arquitetura de Aplicativo para cada estado de transição
  - Arquitetura de Tecnologia para cada estado de transição

3.28 Modelo de Governança de Implementação

Uma vez que uma arquitetura tenha sido definida, é necessário planejar como a Arquitetura de Transição que implementa a arquitetura será regida através da implementação.

Dentro das organizações que já tenham estabelecidas as funções de arquitetura, é provável que seja um framework de governança já existente, mas os processos específicos, organizações, papéis, responsabilidades e medidas podem necessitar ser definidos na forma de projeto a projeto.

O Modelo de Governança de Implementação produzido como uma saída da Fase F garante que um projeto em transição para implementação também faça a transição de forma suave na governança da arquitetura apropriada (para a Fase G).

Os conteúdos típicos de um Modelo de Governança de Implementação é:
- Os processos de governança
- Estrutura organizacional de governança

- Papéis e responsabilidades de governança
- Pontos de verificação da governança e critérios de sucesso / falha

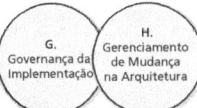

3.29 Contratos de Arquitetura

Contratos de Arquitetura são produzidos na fase G: Governança de Implementação. Contratos de Arquitetura são os acordos conjuntos entre parceiros de desenvolvimento e os patrocinadores acerca de entregáveis, qualidade e adequação ao propósito de uma arquitetura. O sucesso da implementação destes acordos será entregue através de uma arquitetura eficaz. Através da implementação de uma abordagem de governança no gerenciamento de contratos, o seguinte será assegurado:

- Um sistema de monitoração contínua para verificar a integridade, as mudanças, as tomadas de decisão, e a auditoria de todas as atividades relacionadas à arquitetura dentro da organização.
- A adesão aos princípios, padrões e requisitos das arquiteturas existentes ou em desenvolvimento
- Identificação de riscos em todos os aspectos do desenvolvimento e da implementação da(s) arquitetura(s), abrangendo o desenvolvimento interno contra os padrões aceitos, políticas, tecnologias e produtos, bem como os aspectos operacionais das arquiteturas, de tal forma que a organização possa continuar seus negócios dentro de um ambiente resiliente
- Um conjunto de processos e práticas que garantam a prestação de contas, responsabilidade e disciplina no que diz respeito ao desenvolvimento e uso de todos os artefatos de arquitetura
- Uma compreensão formal da organização da governança responsável pelo contrato, o seu nível de autoridade e escopo da arquitetura sob a governança desse corpo

O TOGAF identifica dois exemplos de contratos da seguinte forma:
- Contrato para o Desenvolvimento e Desenho de Arquitetura
- Contrato de Arquitetura para os usuários de Negócio

O Conteúdo típico de um Contrato de Desenvolvimento e Desenho de Arquitetura é:
- Introdução e contexto
- A natureza do acordo
- Escopo da arquitetura
- Arquitetura e princípios estratégicos e requisitos
- Requisitos de conformidade
- Desenvolvimento da arquitetura e processo de gerenciamento e os papéis
- Medidas da Arquitetura Alvo
- Fases definidas de entregáveis
- Planejamento de trabalho conjunto priorizado
- Janela(s) de Tempo
- Entrega da Arquitetura e métricas de negócio

O conteúdo típico de um Contrato de Arquitetura para Usuários de Negócio produzido na Fase G é:
- Introdução e contexto
- A natureza do acordo
- Escopo
- Requisitos Estratégicos
- Requisitos de Conformidade
- Adotantes da Arquitetura
- Janela de tempo
- Métricas da arquitetura de negócio
- Arquitetura de Serviço (inclui o Acordo de Nível de Serviço (ANS ou SLA))

Este contrato também é usado para gerenciar as mudanças da arquitetura corporativa na Fase H.

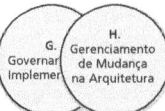

3.30 Requisição de Mudança

Requisições para Mudança da Arquitetura são consideradas na Fase H: Gerenciamento de Mudança da Arquitetura.

Durante a implementação de uma arquitetura, conforme os fatos vão se tornando conhecidos, é possível que a definição e os requisitos da arquitetura original não sejam mais adequados ou suficientes para concluir a implementação de uma solução. Nestas circunstâncias, é necessário que os projetos de implementação ou desviem da abordagem inicialmente sugerida de arquitetura ou solicitem extensão de escopo. Além disso, fatores externos - tais como questões de mercado, mudanças na estratégia de negócio e oportunidades de novas tecnologias - podem abrir oportunidades para ampliar e refinar a arquitetura.

Nestas circunstâncias, uma Requisição de Mudança pode ser submetida, a fim de deflagrar um ciclo adicional de trabalho de arquitetura.

Os conteúdos típicos de uma Requisição de Mudança são:
- Descrição da mudança proposta
- Racional para a mudança proposta
- Avaliação do impacto da mudança proposta, incluindo:
  - Referência a requisitos específicos
  - A prioridade dos requisitos das partes interessadas até o momento
  - Fases a serem revisitadas
  - Fase para definir a priorização de requisitos
  - Os resultados das investigações das fases e das prioridades revistas
  - Recomendações sobre o gerenciamento dos requisitos
- Número de referência no repositório

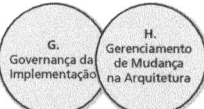

3.31 Avaliação da Conformidade

Uma vez que uma arquitetura tenha sido definida, é necessário governar esta arquitetura através da implementação para garantir que a Visão da Arquitetura original seja devidamente realizada e que quaisquer lições de implementação estejam retroalimentadas dentro do processo de arquitetura. Revisões de conformidade periódicas dos projetos de implementação na Fase G fornecem um mecanismo para rever o progresso do projeto e garantir que o desenho e a implementação estejam ocorrendo de acordo com os objetivos estratégicos e de arquitetura.

Os conteúdos típicos de uma Avaliação de Conformidade são:
- Visão geral do status e progresso do projeto
- Visão geral da arquitetura do projeto / desenho
- Listas de verificação completas de arquitetura:
  - Listas de verificação de hardware e do sistema operacional
  - Listas de verificação de serviços de software e de middleware
  - Listas de verificação de aplicativos
  - Listas de verificação de gerenciamento da informação
  - Listas de verificação de segurança
  - Listas de verificação de gerenciamento de sistema
  - Listas de verificação de engenharia de sistema
  - Listas de verificação de métodos e ferramentas

3.32 Avaliação do Impacto de Requisitos

Em todo o ADM, novas informações relativas a uma arquitetura são coletadas. Enquanto estas informações são reunidas, novos fatos podem vir à tona, invalidando aspectos existentes da arquitetura.

Uma Avaliação de Impacto de Requisitos avalia as especificações e requisitos de arquitetura atual para identificar alterações que devam ser feitas e as implicações dessas alterações.

Ele documenta uma avaliação das mudanças e as recomendações para a mudança da arquitetura. Os conteúdos recomendados são os seguintes:
- Referência a requisitos específicos
- Prioridade atual dos requisitos pelas partes interessadas
- Fases a serem revisadas
- Fase para influenciar a priorização de requisitos
- Os resultados das investigações de fase e as prioridades revisadas
- Recomendações sobre gerenciamento de requisitos
- Número de referência no repositório

Tudo isso, frequentemente, é produzido como resposta a uma Requisição de Mudança.

Capítulo 4
Orientações para Adaptar o ADM

Este capítulo fornece orientações para adaptar o ADM.

4.1 Introdução

O ADM é um método genérico para o desenvolvimento da arquitetura, ele é projetado para lidar com a maioria dos requisitos de sistema e organizacionais. No entanto, muitas vezes será necessário modificar ou estender o ADM para atender a necessidades específicas.

Antes de aplicar o ADM, uma das principais tarefas é revisar o processo e suas saídas para sua aplicabilidade, e então customizá-los para adequá-los a circunstâncias de uma organização em particular. Esta atividade pode perfeitamente produzir um ADM "específico para a corporação".

Existem inúmeras razões para desejar customizar o ADM as circunstâncias de uma corporação individual. Algumas delas estão mencionadas conforme segue:

1. Uma consideração importante é que a ordem das fases do ADM é de certo modo dependente da maturidade da disciplina de arquitetura na corporação em questão. Por exemplo, se o business case para fazer arquitetura não é bem reconhecido, então criar uma Visão da Arquitetura é essencial; e uma Arquitetura de Negócio detalhada necessita vir em seguida ao business case para o restante do trabalho de arquitetura e assegurar a participação ativa das principais partes interessadas naquele trabalho.
2. A ordem das fases também pode ser definida pelos princípios de negócio e de arquitetura. Por exemplo, os princípios de negócio

podem ditar que a corporação deve estar preparada para ajustar seus processos de negócio para atender às necessidades de um pacote de solução, de modo que este possa ser implementado rapidamente a fim de permitir uma rápida resposta as mudanças no mercado. Nesse caso, a Arquitetura do Negócio (ou pelo menos a conclusão dela) também pode seguir a conclusão da Arquitetura de Sistemas de Informação.

3. Uma corporação pode desejar usar ou customizar o ADM em conjunto com outro framework de arquitetura corporativa que tem um conjunto de entregáveis específico para um determinado setor vertical: Governo, Defesa, e-Business, Telecomunicações, etc.

4. O ADM é um dos muitos processos corporativos que compõem o modelo de governança corporativa para uma corporação. O ADM complementa e apoia outros processos de gerenciamento do programa padrão. A corporação customizará o ADM para refletir as relações e dependências a outros processos de gerenciamento.

5. Em uma situação de outsourcing, o ADM é obrigatório para o uso do contratado principal ou líder e deve ser customizado para alcançar um compromisso adequado entre as práticas existentes do contratado e os requisitos das partes da corporação contratante.

6. A corporação é de pequeno ou médio porte e deseja usar uma versão reduzida do ADM que esteja mais em sintonia com o nível de recursos reduzido e a complexidade do sistema típica deste ambiente.

7. A corporação é muito grande e complexa, compreendendo várias empresas separadas, porém interligadas dentro de um framework global colaborativo de negócio e o método de arquitetura precisa ser adaptado para reconhecer esta situação. Tais corporações geralmente não podem ser tratadas de forma bem sucedida como uma entidade única e a abordagem mais federativa é necessária.

O processo ADM também pode ser adaptado para lidar com uma série de cenários de uso, incluindo estilos diferentes de processo (por exemplo, o uso de iteração) e também arquiteturas especializadas (tais como de segurança). Estas são discutidas nas seções seguintes.

4.2 Aplicando Iteração ao ADM

O ADM suporta uma série de conceitos que poderiam ser caracterizados como iteração.

Iteração para desenvolver um abrangente Panorama da Arquitetura:
- Projetos irão iterar por todo o ciclo de ADM, iniciando pela Fase A. Cada ciclo do ADM será ligado por uma Requisição para Trabalho de Arquitetura. A saída da arquitetura preencherá o Panorama da Arquitetura, quer estendendo ou mudando o panorama descrito quando necessário.
- Projetos separados podem operar seus próprios ciclos ADM simultaneamente, com relacionamento entre os diferentes projetos.
- Um projeto pode provocar o início de outro projeto. Normalmente, isso é usado quando iniciativas de arquitetura de alto nível identificam oportunidades ou soluções que requerem uma arquitetura mais detalhada, ou quando um projeto identifica impacto no panorama fora do escopo de sua Requisição para Trabalho de Arquitetura.

Iteração dentro de um ciclo ADM:
- Os Projetos podem operar várias fases do ADM simultaneamente. Normalmente, isso é usado para gerenciar o inter-relacionamento entre a Arquitetura de Negócio, de Sistemas de Informação e de Tecnologia.
- Projetos podem alternar ciclos entre as fases do ADM, em ciclos planejados que compreendem múltiplas fases. Normalmente, isso é usado para convergir para uma Arquitetura Alvo detalhada quando a arquitetura de alto nível não existe para fornecer contexto e restrição.
- Projetos podem retornar às fases anteriores para circular novamente e atualizar os produtos de trabalho com novas informações. Normalmente, isso converge para o Roteiro de Arquitetura executável ou para o Planejamento da Migração e Implementação, quando os detalhes de implementação e escopo de mudança desencadeiam uma mudança ou uma repriorização dos requisitos das partes interessadas.

Iteração para gerenciar Capacidade da Arquitetura:
- O resultado de abordar uma Requisição para Trabalho de Arquitetura na Fase A pode exigir uma nova iteração da Fase Preliminar para ajustar a Capacidade da Arquitetura para a organização.
- Mudanças identificadas na Fase H podem requerer uma nova iteração da Fase Preliminar para ajustar a Capacidade da Arquitetura para a organização.

Todas estas técnicas são aplicações válidas do ADM e podem ser usadas para garantir que a abordagem para o desenvolvimento da arquitetura seja suficientemente flexível para acomodar outros métodos e frameworks.

O TOGAF inclui considerações dos fatores organizacionais que influenciam a medida na qual o ADM deve ser usado de modo iterativo, diferentes estilos de iteração e mapeamento das fases do ADM para ciclos de iteração para a definição da arquitetura.

Um ciclo de iteração sugerido para iterações que se estendem por múltiplas fases do ADM é mostrado na Figura 7.

- Iterações de **Capacidade de Arquitetura** apoiam a criação e a evolução da Capacidade de Arquitetura necessária. Este ciclo inclui a mobilização inicial da atividade de arquitetura para uma determinada finalidade ou tipo de compromisso de arquitetura ao estabelecer ou ajustar a abordagem de arquitetura, princípios, escopo, visão e governança.
- Iterações de **Desenvolvimento da Arquitetura** permitem a criação de conteúdo por meio do ciclo ou integração, fases de Arquitetura de Negócio, de Sistemas de Informação e de Tecnologia. Estas iterações garantem que a arquitetura seja considerada como um todo. Neste tipo de iteração as revisões pelas partes interessadas são normalmente

mais amplas. Enquanto as iterações convergem para um alvo, extensões nas fases de Oportunidades e Soluções e de Planejamento da Migração asseguram que a capacidade de implementação da arquitetura seja considerada quando a mesma é finalizada.
- Iterações de **Planejamento de Transição** apoiam a criação de roteiros formais de mudança para uma arquitetura definida.

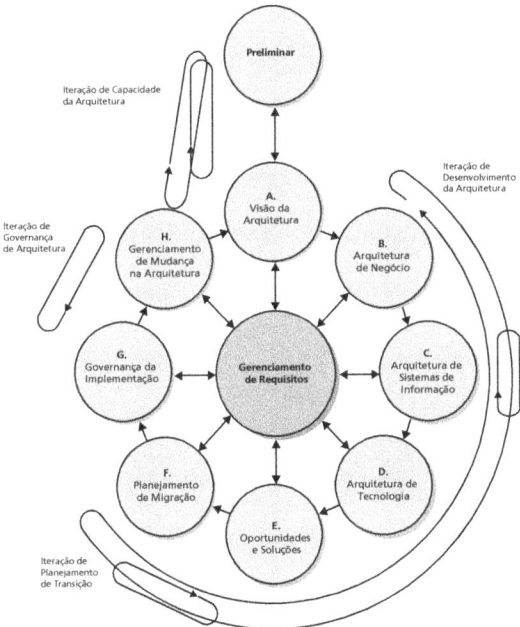

Figura 7: Ciclos de Iteração

- As iterações da Governança de Arquitetura suportam a governança de atividades de mudança progredindo na direção de uma Arquitetura Alvo definida.

O TOGAF explica dois estilos de definição da arquitetura:
- **Linha de Base em Primeiro**: Neste estilo, a Arquitetura de Linha de Base é avaliada em primeiro lugar. Este processo é adequado quando uma solução alvo não é claramente compreendida.
- **Alvo em Primeiro**: Neste estilo, a Arquitetura Alvo é elaborada em detalhes e, em seguida, mapeada de volta para a linha de base, a fim de

Fase do TOGAF		Desenvolvimento da Arquitetura			Planejamento de Transição		Governança da Arquitetura	
		Iteração 1	Iteração 2	Iteração n	Iteração 1	Iteração n	Iteração 1	Iteração n
Preliminar		Informal	Informal	Informal				
Visão de Arquitetura		Informal	Informal	Informal	Informal	Informal		Leve
Arquitetura de Negócio	Linha de Base	Principal	Leve	Informal	Informal	Informal		Leve
	Alvo	Informal	Principal	Principal	Informal	Informal		Leve
Arquitetura de Aplicativo	Linha de Base	Principal	Leve	Principal	Informal	Informal		Leve
	Alvo	Informal	Principal	Principal	Informal	Informal		Leve
Arquitetura de Dados	Linha de Base	Principal	Leve	Principal	Informal	Informal		Leve
	Alvo	Informal	Principal	Principal	Informal	Informal		Leve
Arquitetura de Tecnologia	Linha de Base	Principal	Leve	Principal	Informal	Informal		Leve
	Alvo	Informal	Principal	Principal	Informal	Informal		Leve
Soluções e Oportunidades		Leve	Leve	Leve	Principal	Principal	Informal	Informal
Planejamento da Migração		Leve	Leve	Leve	Principal	Principal	Informal	Informal
Governança de Implementação					Informal	Informal	Principal	Principal
Gerenciamento de Mudança		Informal	Informal	Informal	Informal	Informal	Principal	Principal

Principal: Atividade de foco primário para a iteração

Leve: Atividade de foco secundário para iteração

Informal: Atividade potencial para a iteração, não é formalmente mencionado no método

Figura 8: Atividade por iteração para a primeira Definição de Arquitetura de Linha de Base

definir atividades de mudança. Este processo é apropriado quando um estado alvo é acordado em alto nível e a corporação deseja evitar que o modelo de negócio atual prolifere dentro do de alvo.

O TOGAF mapeia ambos os estilos para os ciclos de iteração, conforme ilustrado na Figura 8 e na Figura 9.

Fase do TOGAF		Desenvolvimento da Arquitetura			Planejamento de Transição		Governança da Arquitetura	
		Iteração 1	Iteração 2	Iteração n	Iteração 1	Iteração n	Iteração 1	Iteração n
Preliminar		Informal	Informal	Informal				
Visão da Arquitetura		Informal	Informal	Informal	Informal	Informal		Leve
Arquitetura de Negócio	Linha de Base	Informal	Principal	Principal	Informal	Informal		Leve
	Alvo	Principal	Leve	Leve	Informal	Informal		Leve
Arquitetura de Aplicativo	Linha de Base	Informal	Principal	Principal	Informal	Informal		Leve
	Alvo	Principal	Leve	Leve	Informal	Informal		Leve
Arquitetura de Dados	Linha de Base	Informal	Principal	Principal	Informal	Informal		Leve
	Alvo	Principal	Leve	Leve	Informal	Informal		Leve
Arquitetura de Tecnologia	Linha de Base	Informal	Principal	Principal	Informal	Informal		Leve
	Alvo	Principal	Leve	Leve	Informal	Informal		Leve
Soluções e Oportunidades		Leve	Leve	Leve	Principal	Principal	Informal	Informal
Planejamento da Migração		Leve	Leve	Leve	Principal	Principal	Informal	Informal
Governança de Implementação					Informal	Informal	Principal	Principal
Gerenciamento de Mudança		Informal	Informal	Informal	Informal	Informal	Principal	Principal

▓ Principal: Atividade de foco primário para a Iteração

▒ Leve: Atividade de foco secundário para iteração

☐ Informal: Atividade potencial para a iteração, não é formalmente mencionado no método

Figura 9: Atividade por Iteração para Definição de Arquitetura Alvo Primeiro

O TOGAF também descreve uma aplicação hierárquica de iteração, onde cada ciclo ADM ocorre em um único nível de descrição de arquitetura. Esta abordagem do ADM utiliza a fase de Planejamento da

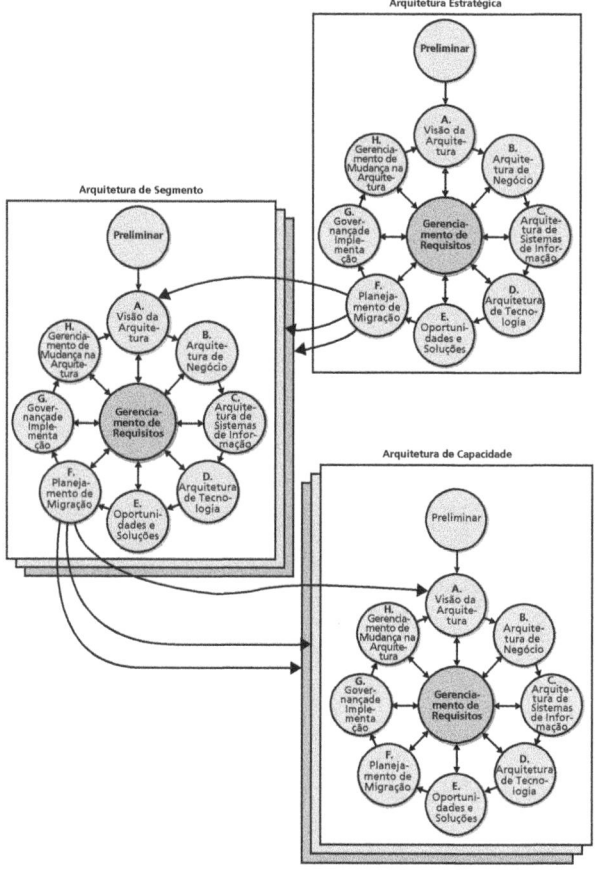

Figura 10: Exemplo de uma Hierarquia de Processos ADM

Migração de um ciclo do ADM para iniciar novos e mais detalhados projetos de arquitetura que também desenvolverão arquiteturas. Este tipo de iteração destaca a necessidade da arquitetura de alto nível para orientar e restringir a arquitetura mais detalhada. Ele também destaca que o Panorama de Arquitetura completo é desenvolvido por múltiplas iterações de ADM. Essa abordagem é mostrada na Figura 10.

4.3 Aplicando o ADM em todo o Panorama de Arquitetura

Em uma corporação típica, muitas arquiteturas serão descritas no Panorama de Arquitetura em qualquer ponto no tempo. Algumas arquiteturas abordarão necessidades muito específicas; outras serão mais gerais. Algumas abordarão detalhes; algumas fornecerão uma visão geral. Para enfrentar esta complexidade, o TOGAF utiliza os conceitos de níveis e o Continuum Corporativo a fim de fornecer um framework conceitual para organizar o Panorama de Arquitetura.

Níveis fornecem um framework para dividir e organizar o Panorama de Arquitetura em três níveis de granularidade:
1. **Arquitetura Estratégica:** fornece um framework organizacional para atividades operacionais e de mudança, permitindo a definição de uma direção em um nível executivo.
2. **Arquitetura de Segmento:** fornece um framework organizacional para atividades operacionais e de mudança, permitindo a definição de uma direção e o desenvolvimento de roteiros de arquitetura eficazes em nível de programa ou portfólio.
3. **Arquitetura de Capacidade:** fornece um framework organizacional para atividade de mudança e para o desenvolvimento de roteiros de arquitetura eficazes efetuando o incremento de capacidades.

A Figura 11 mostra um resumo do modelo de classificação para Panoramas de Arquitetura

O TOGAF descreve os tipos de compromissos os quais os arquitetos podem ser solicitados a realizar, e como o ADM pode ser usado para coordenar as atividades de várias equipes de arquitetos trabalhando em diferentes níveis. Ele também fornece duas estratégias para o uso do ADM como um processo para suportar hierarquias de arquiteturas:

- Arquiteturas em diferentes níveis podem ser desenvolvidas através de iterações dentro de um único processo ADM.

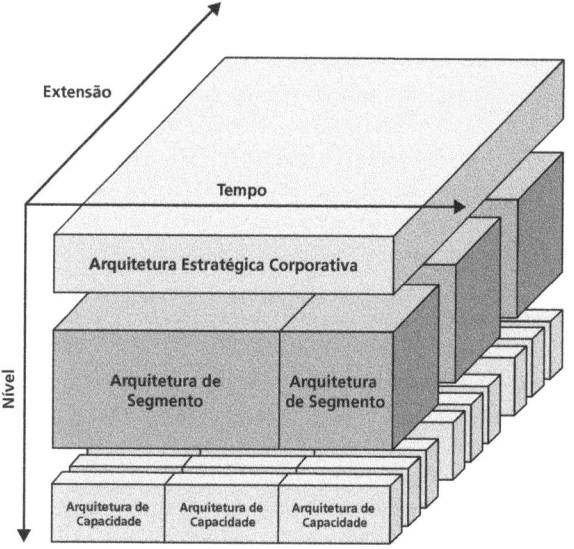

Figura 11: Resumo do Modelo de Classificação para o Panorama de Arquitetura

- Arquiteturas em diferentes níveis podem ser desenvolvidas através de uma hierarquia de processos do ADM executados simultaneamente.

Nos extremos da escala, qualquer uma dessas duas opções pode ser totalmente adotada. Na prática, um arquiteto provavelmente precisa misturar elementos de cada uma para atender os requisitos exatos da Requisição para Trabalho de Arquitetura.

4.4 Arquitetura de Segurança e o ADM

O TOGAF fornece orientação sobre as questões de segurança que precisam ser tratadas durante a aplicação do ADM. Estas orientações destinam-se a ajudar tanto os arquitetos corporativos como os profissionais de segurança a evitar a falta de abordagem das preocupações críticas de segurança. Elas informam ao arquiteto corporativo sobre o que o arquiteto de segurança necessitará cumprir durante o trabalho de arquitetura de segurança.

Todos os grupos de partes interessadas em uma corporação terão preocupações sobre segurança e é desejável trazer para o projeto um arquiteto de segurança o mais cedo possível. Ao longo das fases do ADM, é oferecida orientação sobre informações específicas de segurança que devem ser reunidas, os passos que devem ser tomados e artefatos que devem ser criados. As decisões de arquitetura relacionadas com a segurança devem ser determinadas com base nas decisões políticas e de negócio e no gerenciamento de seus riscos. As áreas de preocupação geralmente aceitas para o arquiteto de segurança são:

- Autenticação: A comprovação da identidade de uma pessoa ou entidade relacionada à corporação ou sistema de alguma forma.
- Autorização: A definição e imposição das capacidades permitidas para uma pessoa ou entidade cuja identidade foi estabelecida.
- Auditoria: A capacidade de fornecer dados forenses (legais) que atestem que os sistemas têm sido utilizados de acordo com as políticas de segurança declaradas.
- Garantia: A capacidade de testar e provar que a arquitetura corporativa tem os atributos de segurança necessários para manter as políticas de segurança declaradas.

- Disponibilidade: A capacidade da corporação de funcionar sem interrupção do serviço ou depleção, apesar de eventos anormais ou maliciosos
- Proteção de Ativos: A proteção dos ativos de informações contra perda ou divulgação não intencional, e recursos contra uso não autorizado e não intencional.
- Administração: A capacidade de adicionar e mudar políticas de segurança, de adicionar ou mudar como as políticas são implementadas na corporação e adicionar ou mudar as pessoas ou entidades relacionadas com os sistemas.
- Gerenciamento de riscos: A atitude da organização e tolerância quanto ao risco.

Artefatos de arquitetura de segurança geralmente incluem:
- Regras de negócio relativas à manipulação de ativos de dados/informações
- Política de segurança escrita e publicada
- Propriedade e custódia de ativos de dados /informações codificados
- Documentação de análise de risco
- Documentação de política de classificação de dados

4.5 Usando o TOGAF para Definir e Governar Arquiteturas Orientadas a Serviços (SOA)

O TOGAF descreve Arquitetura Orientada a Serviço (SOA) como um estilo de arquitetura, como a arquitetura corporativa suporta a SOA e fornece orientações sobre como usar o TOGAF para desenvolver uma SOA.

SOA, como um estilo de arquitetura, tenta simplificar o negócio e a interoperabilidade de suas partes através da estruturação de capacidades tanto de serviços granulares bem definidos como em oposição aos silos de unidades de negócio obscuros. Permite a identificação das capacidades funcionais de uma organização e, assim, oportunidades para reduzir duplicações. Ao padronizar comportamentos e interoperação de serviços é possível limitar os impactos da mudança e também planejar o impacto de futuras mudanças.

A arquitetura corporativa fornece frameworks, ferramentas e técnicas para auxiliar as organizações com o desenvolvimento e a manutenção de sua SOA. Alguns dos principais benefícios que ela fornece incluem:
- Abstrações consistentes de estratégias e entregáveis de alto nível para suportar a análise e planejamento
- Articulação das diferentes perspectivas (por exemplo, de negócio, de sistema de informação, de tecnologia, de profundidade, nível de detalhe, etc.) para um problema de negócio único, fornecendo um modelo consistente para abordar vários domínios e testes de integridade
- Identificação de roteiros claros para atingir o estado futuro
- Rastreabilidade que vincula TI e outros ativos ao negócio que eles suportam
- Suporte para avaliação de impacto, análise de risco/valor e gerenciamento de portfólio
- Identificação e documentação de princípios, restrições, frameworks, normas e padrões
- Frameworks de governança e processos que asseguram a autoridade apropriada para tomada de decisões

A Arquitetura Corporativa torna-se uma base para a implantação de uma abordagem de uma SOA dentro de uma organização, por que:
- Liga as partes interessadas pela SOA, garantindo que as necessidades de cada comunidade de partes interessadas sejam atendidas e que cada uma delas esteja ciente do contexto apropriado.
- Fornece uma ligação do negócio para TI que pode ser usada para justificar o custo da reengenharia de TI versus o valor para o negócio.

- Mostra quais serviços devem ser construídos e como eles devem ser reutilizados.
- Mostra como os serviços devem ser desenhados e como as plataformas devem interoperar.
- Fornece um repositório para guardar e manter de forma contínua as informações relativas ao desenho,

Sem arquitetura corporativa, podem ocorrer um ou mais dos seguintes efeitos negativos:
- Agilidade Limitada
- Dificuldade em identificar e orquestrar serviços de SOA
- Acúmulo de serviços
- Crescimento exponencial dos desafios de governança
- Interoperabilidade de serviços de SOA limitada
- Reutilização de serviços de SOA limitada
- Múltiplas SOA com silos
- Dificuldade em evoluir e mudar implementações de SOA

4.5.1 Utilizando TOGAF para SOA

O TOGAF oferece orientação detalhada para cada fase do ADM sobre o que deve ser considerado quando se aplica o princípio da orientação a serviços. O resumo de alto nível da abordagem é dado aqui. Os detalhes estão no TOGAF, parte III, Capítulo 22.

Para utilizar o TOGAF para criar SOA, o mesmo precisa ser adaptado para abordar os requisitos de um determinado estilo. Abordar um estilo exigirá:
- Identificar principais entradas do metamodelo
- Identificar extensões para o metamodelo de conteúdo
- Identificar principais artefatos
- Identificar materiais de referência de estilo específico e modelos de maturidade

A adaptação de uma Capacidade de Arquitetura para suportar a SOA requer considerável atividade na Fase Preliminar do TOGAF. Estas atividades e ferramentas específicas de SOA do Grupo de Trabalho de SOA do The Open Group incluem:
- Adaptar o princípio de orientação a serviços
- Determinar a disponibilidade de organização para a SOA: OSIMM
- Governança: O SGVM do The Open Group
- Partições: utilizar um Centro de Excelência especializado para oferecer suporte a SOA

Nas demais fases do ADM do TOGAF, o que muda é como uma arquitetura é descrita, analisada e documentada. Durante uma iteração do ADM o praticante precisa considerar as principais entidades do metamodelo e os artefatos identificados.

Em diferentes níveis de granularidade o propósito do ciclo ADM variará. No trabalho de nível Estratégico, o objetivo é identificar se SOA é necessária e em quais Segmentos. No trabalho em nível de Segmentos, a finalidade é descrever os requisitos de estrutura e capacidade de SOA. Finalmente, no trabalho no nível de Capacidade o objetivo é identificar e descrever os requisitos dos serviços de SOA que estarão disponíveis.

Ao entregar SOA com TOGAF, o arquiteto nunca deve perder de vista o objetivo final: soluções SOA que abordem e gerenciem a complexidade da corporação e proporcionem agilidade nos negócios.

Capítulo 5
Framework de Conteúdo de Arquitetura

Este capítulo fornece uma introdução ao Framework de Conteúdo de Arquitetura, um metamodelo estruturado para artefatos de arquitetura.

5.1 Visão Geral do Framework de Conteúdo de Arquitetura

Durante a execução do ADM, uma série de saídas serão produzidas como resultado, tais como fluxos de processos, requisitos de arquitetura, planejamentos de projetos, avaliações de conformidade de projeto, etc. A fim de ser capaz de reunir e apresentar esses importantes produtos do trabalho de forma consistente e estruturada, é necessário ter um Framework de Conteúdo de Arquitetura dentro do qual eles serão colocados. Isto permite uma referência mais fácil e uma classificação padrão, e também facilita a estruturação de relações entre os vários produtos de trabalho constituintes que fazem o que, muitas vezes, é chamado como a "Arquitetura Corporativa".

O Framework de Conteúdo de Arquitetura fornecido no TOGAF permite que este último seja usado como uma estrutura autônoma para a arquitetura dentro de uma corporação. No entanto, existem outros frameworks de conteúdo (como ArchiMate e o Framework Zachman) e é esperado que algumas corporações possam optar por usar um Framework externo em conjunto com o ADM. Nestes casos, o Framework de Conteúdo de Arquitetura do TOGAF fornece uma referência e um ponto de partida útil para o conteúdo do TOGAF a ser mapeado para os metamodelos de outros frameworks.

A fim de ajudar com a classificação de novos produtos de trabalho e a necessidade potencial para correlacionar com outros frameworks de conteúdo (incluindo quaisquer produtos de trabalho de arquitetura classificados existentes), o Framework de Conteúdo de Arquitetura utiliza as seguintes três categorias para descrever o tipo de produto de trabalho arquitetural dentro de seu contexto de utilização:

- Uma **entrega** é um produto de trabalho formal, que é contratualmente especificado e deve, normalmente, ser revista, acordada e assinada pelas suas partes interessadas. Os entregáveis frequentemente representam as saídas dos projetos.
- Um **artefato** é um produto de trabalho arquitetural que descreve um aspecto da arquitetura. Artefatos são geralmente classificados como catálogos (listas de coisas), matrizes (mostrando relações entre as coisas), e diagramas (imagens das coisas). Os exemplos incluem um catálogo de requisitos, matriz de interação de negócio, e um diagrama de casos de uso. Um entregável arquitetural pode conter muitos artefatos e artefatos constituirão o conteúdo do Repositório de Arquitetura.
- Um **bloco de construção** representa um componente (potencialmente reutilizável) de negócio, TI, ou capacidade de arquitetura que pode ser combinado com outros blocos de construção para entregar arquiteturas e soluções.

Blocos de construção podem ser definidos em vários níveis de detalhe e podem se relacionar com ambas as "arquiteturas" e "soluções", com Blocos de Construção de Arquitetura (BCAs) geralmente descrevendo a capacidade necessária para moldar um Bloco de Construção de Solução (BCSs), os quais representariam os componentes a serem utilizados para implementar a capacidade necessária. Estes pontos são mais discutidos na Seção 5.5.

As relações entre produtos, artefatos e blocos de construção são mostradas na Figura 12.

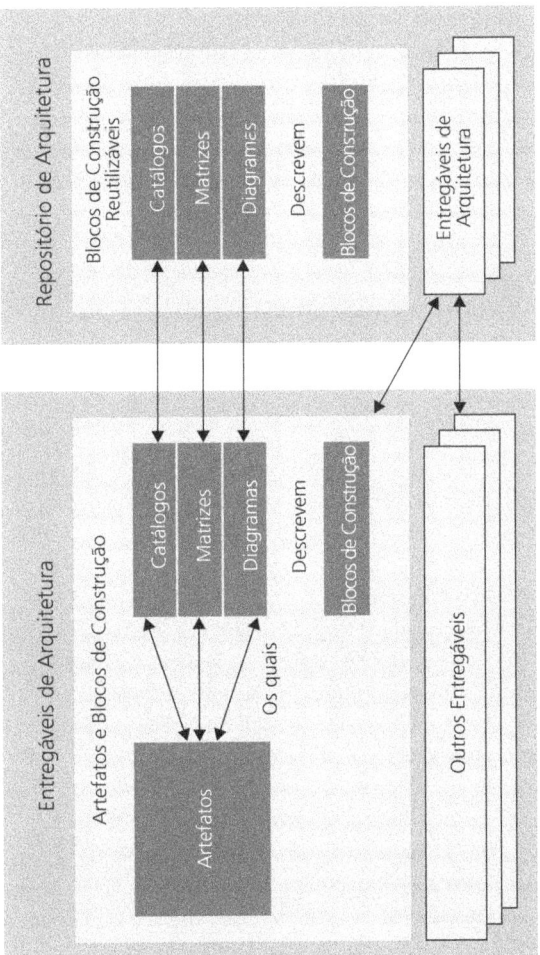

Figura 12: Relações entre Entregáveis, Artefatos e Blocos de Construção

5.2 Metamodelo de Conteúdo

O Framework de Conteúdo da Arquitetura é baseado em um metamodelo de conteúdo padrão que fornece uma definição para todos os tipos de blocos de construção existentes dentro de uma arquitetura. Uma visão geral, de alto nível, do metamodelo de conteúdo é mostrada na Figura 13. O metamodelo ilustra como esses blocos de construção podem ser descritos e como eles se inter-relacionam.

Ao criar e administrar arquiteturas, é necessário considerar várias preocupações, tais como serviços de negócio, atores, aplicações, entidades de dados e tecnologia. O metamodelo de conteúdo destaca estas preocupações, mostrando seus relacionamentos e identificando artefatos que podem ser usados para representá-los de uma forma consistente e estruturada.

Além disso, o metamodelo de conteúdo pode ser usado para fornecer orientação para todas as organizações que desejam implementar sua arquitetura usando uma ferramenta de arquitetura.

5.2.1 Núcleo e Extensões

O modelo foi estruturado de forma a considerar o conteúdo de núcleo e de extensão, onde o núcleo do metamodelo fornece um conjunto mínimo de conteúdo de arquitetura que suporta a rastreabilidade de artefatos, e as extensões estão conectadas para apoiar qualquer modelagem mais específica ou em profundidade que possa ser necessária.

Extensões são logicamente agrupadas em catálogos, matrizes e diagramas, permitindo o foco em áreas de interesse específico. Todos os módulos de extensão são opcionais e devem ser selecionados durante a fase Preliminar da iteração do ADM para atender às necessidades da organização. As extensões descritas no TOGAF são referências e podem ser adicionadas ou customizadas conforme a necessidade.

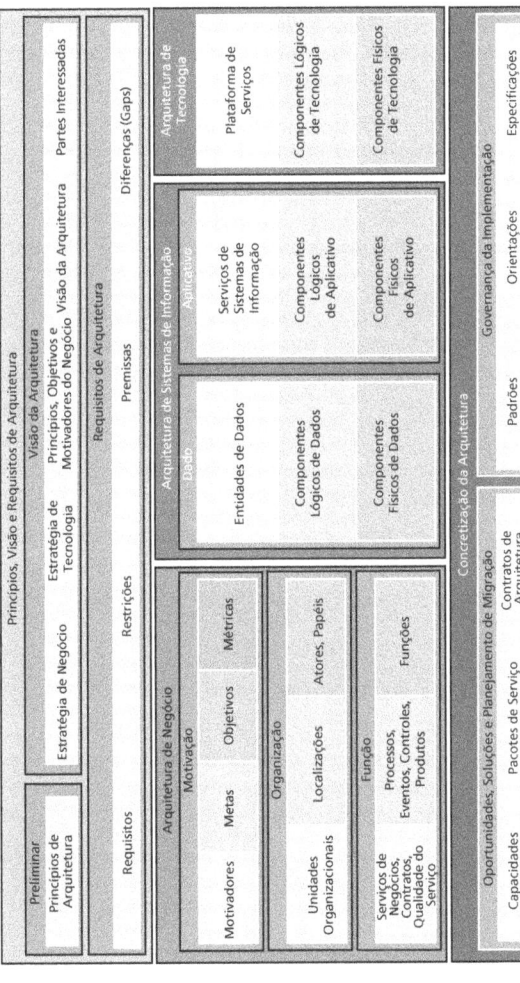

Figura 13: Visão geral Metamodelo de Conteúdo

5.2.2 Catálogos, Matrizes e Diagramas

Enquanto o metamodelo de conteúdo é usado para apoiar a estruturação das informações de arquitetura, a maioria das partes interessadas não precisa ou deseja saber dos detalhes contidos no Framework de Conteúdo de Arquitetura desta maneira. Portanto, o uso de catálogos, matrizes e diagramas é introduzido para facilitar a apresentação de informações de arquitetura para que ele possa ser usado para fins de referência e de governança mais prontamente.

Catálogos são listas de blocos de construção de um tipo ou tipos específicos relacionados, as matrizes são grades que mostram as relações entre duas ou mais entidades e os diagramas são representações gráficas de conteúdo arquitetural.

Em resumo, os resultados de uma arquitetura ADM desenvolvida consistem em um número de BCAs definidos e populados nos catálogos de arquitetura, com relacionamentos especificados entre aqueles blocos de construção em matrizes de arquitetura, e então apresentados como diagramas de comunicação que mostram de maneira precisa e concisa o que a arquitetura é.

5.3 Artefatos de Arquitetura

O TOGAF descreve um conjunto de produtos de trabalho atômicos que são criados no decorrer do desenvolvimento de uma arquitetura, seguindo o ADM. Estes produtos de trabalho são rotulados como artefatos e representam um modelo individual de um sistema, solução, ou estado corporativo, que poderiam ser reusados em uma variedade de contextos.

Um artefato é diferente de um entregável, que é uma saída contratada de um projeto. Na maioria dos casos, as entregas conterão artefatos e cada artefato pode existir em muitos entregáveis. Os conceitos básicos e a terminologia utilizada nesta seção foram adaptados a partir da ISO / IEC 42010:2007, descritos na Tabela 14 e ilustrado na Figura 14[6].

Tabela 14: Conceitos Relacionados à Visão da Arquitetura

Conceito	Definição
Sistema	Um sistema é um conjunto de componentes organizados para realizar uma função específica ou um conjunto de funções.
Arquitetura	A arquitetura de um sistema é a organização fundamental do sistema, incorporada em seus componentes, suas relações entre si e com o ambiente e os princípios orientadores da sua concepção e evolução.
Descrição Arquitetural	Uma descrição Arquitetural é uma coleção de artefatos que documenta uma arquitetura. No TOGAF, visões de arquitetura são os artefatos chave em uma descrição arquitetural.
Partes Interessadas	As partes interessadas são pessoas que têm papéis chave, ou preocupações sobre o sistema; por exemplo, como usuários, desenvolvedores ou gerentes. Diferentes partes interessadas com diferentes funções no sistema terão preocupações diferentes. As partes interessadas podem ser indivíduos, equipes ou organizações (ou classes delas).
Preocupações	Preocupações são os interesses chave que são crucialmente importantes para as partes interessadas no sistema, e determinam a aceitabilidade do sistema. Preocupações podem ser relativas a qualquer aspecto do desenvolvimento, funcionamento ou operação do sistema, inclusive considerações tais como desempenho, confiabilidade, segurança, distribuição e capacidade evolutiva.

---

6 Reproduzido com permissão da IEEE Std 1471-2000, Systems and Software Engineering – Recommended Practice for Architectural Description of Software-intensive Systems, Copyright © 2000, pelo IEEE. O IEEE se isenta de qualquer responsabilidade resultante da colocação e uso da maneira descrita.

Conceito	Definição
Visão	Uma visão é uma representação de todo um sistema a partir da perspectiva de um conjunto de preocupações relacionadas. Na captura ou representação do desenho da arquitetura de um sistema, o arquiteto normalmente cria um ou mais modelos de arquitetura, possivelmente usando ferramentas diferentes. Uma visão será composta por partes selecionadas de um ou mais modelos, escolhidos de forma a demonstrar a uma parte interessada em particular, ou grupo de partes interessadas, que suas preocupações estão sendo abordadas de forma adequada no desenho da arquitetura do sistema.
Ponto de Vista	Um ponto de vista define a perspectiva da qual uma visão é tomada. Mais especificamente, um ponto de vista define: como construir e utilizar uma visão (por meio de um esquema ou modelo apropriado); as informações que devem aparecer na visão; as técnicas de modelagem para expressar e analisar as informações, e um racional para estas escolhas (por exemplo, ao descrever o propósito e público alvo da visão).

O TOGAF oferece um conjunto de artefatos recomendados, resumidos na Tabela 15.

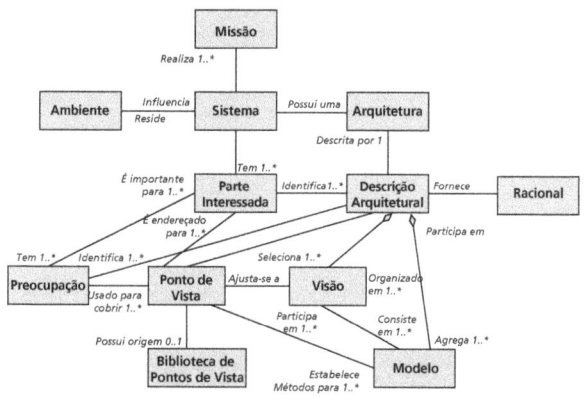

Figura 14: Conceitos Básicos para Descrição da Arquitetura

Tabela 15: Artefatos Recomendado nas Fases do ADM

Fase do ADM	Artefatos
Fase Preliminar	Catálogo de Princípios
Fase A	Matriz das Partes Interessadas Diagrama de Cadeia de Valor Diagrama Concepção da Solução
Fase B	Catálogo de Ator / Organização Catálogo de Motivador / Meta/ Objetivo / Catálogo de Papéis Catálogo de Serviço de Negócio / Função Catálogo de Localização Catálogo de Processo / Evento / Controle / Produto Catálogo de Medida (Métrica) / Contrato Matriz de Interação de Negócio Matriz de Ator / Papéis Diagrama de Rastreamento de Negócio Diagrama de Serviços de Negócio / Informação Diagrama de Decomposição Funcional Diagrama de Ciclo de Vida de Produto Diagrama de Meta / Objetivo / Serviço Diagrama de Casos de Uso de Negócio Diagrama de Decomposição da Organização Diagrama do Fluxo do Processo Diagrama de Evento
Fase C Arquitetura de Dados	Catálogo de Componentes de Dados/Entidades de Dados Matriz de Função do Negócio/ Entidade de Dados Matriz de Aplicativo/Dados Diagrama Conceitual de Dados Diagrama Lógico de Dados Diagrama de Disseminação de Dados Diagrama de Segurança de Dados Diagrama de Migração de Dados Diagrama de Ciclo de Vida de Dados
Fase C Arquitetura de Aplicativo	Catálogo do Portfólio de Aplicativo Catálogo de Interface Matriz de Aplicativo/Organização Matriz de Papel/Aplicativo Matriz de Aplicativo/Função

Fase do ADM	Artefatos
Fase C Arquitetura de Aplicativo	Matriz de Interação de Aplicativo Diagrama de Comunicação de Aplicativo Diagrama de Localização de Usuários e Aplicativo Diagrama de Casos de Uso de Aplicativo Diagrama de Gerenciamento da Corporação Diagrama de Processos/Realização de Aplicativo Diagrama de Engenharia de Software Diagrama de Migração de Aplicativo Diagrama de Distribuição de Software
Fase D	Catálogo de Padrões de Tecnologia Catálogo do Portfólio de Tecnologia Matriz de Aplicativo/Tecnologia Diagrama de Ambientes e Localidades Diagrama de Decomposição de Plataforma Diagrama de Processamento Diagrama de Computação em Rede/Hardware Diagrama de Engenharia de Comunicações
Fase E	Diagrama do Contexto de Projeto Diagrama de Benefícios
Gerenciamento de Requisitos	Catálogo de Requisitos

5.4 Entregáveis de Arquitetura

O TOGAF, na Parte IV, no Capítulo 36 fornece um ponto de partida típico de entregáveis de arquitetura, a fim de melhor definir as atividades necessárias no ADM e atuar como um ponto de partida para a customização dentro de uma organização. Para obter detalhes, consulte o Capítulo 3.

5.5 Blocos de Construção

O Framework de Conteúdo de Arquitetura explica o conceito de blocos de construção, juntamente com um exemplo fictício ilustrando blocos de construção em arquitetura. O TOGAF inclui Blocos de Construção de Arquitetura (BCAs) e Blocos de Construção de Solução (BCSs).

"Blocos de construção" é um termo abrangente dentro do TOGAF
e do ADM. Um bloco de construção é simplesmente um pacote de
funcionalidade definida para atender às necessidades do negócio. A
maneira pela qual a funcionalidade, os produtos e os desenvolvimentos
de customização são montados em blocos de construção variará
amplamente entre arquiteturas individuais. Cada organização deve
decidir por si qual organização de blocos de construção funciona melhor.
Uma boa escolha de blocos de construção pode levar a melhorias na
integração de sistemas legados, interoperabilidade e flexibilidade na
criação de novos sistemas e aplicativos.

Sistemas são construídos a partir de coleções de blocos de construção,
por isso a maioria dos blocos de construção tem que interoperar
com outros blocos de construção. Onde quer que isso seja verdade,
é importante que as interfaces para um bloco de construção sejam
publicadas e razoavelmente estáveis.

Blocos de construção podem ser definidos em vários níveis de detalhe,
dependendo de qual estágio de desenvolvimento da arquitetura foi
atingido.

Por exemplo, numa fase inicial, um bloco de construção pode
simplesmente consistir em um agrupamento de funcionalidades,
tais como um banco de dados de clientes e algumas ferramentas
de recuperação. Blocos de construção, neste nível funcional de
definição, são descritos no TOGAF como Blocos de Construção de
Arquitetura (BCAs), veja Seção 3.22. Posteriormente, produtos reais ou
desenvolvimentos customizados substituem estas definições simples
de funcionalidade e os blocos de construção são, então, descritos como
Blocos de Construção de Soluções (BCSs), veja Seção 3.23.

Figura 15: Blocos de Construção e sua Utilização no Ciclo do ADM

As fases chave e os passos do ADM em que blocos de construção são evoluídos e especificados estão resumidos a seguir, e ilustradas na Figura 15.

Na Fase A, as primeiras definições de blocos de construção começam como entidades relativamente abstratas dentro da Visão da Arquitetura.

Nas Fases B, C, D, blocos de construção dentro da Arquitetura de Negócio, Dados, Aplicativos e de Tecnologia evoluem para um padrão comum de passos.

Finalmente, na Fase E, os blocos de construção se tornam mais específicos na implementação uma vez que BCSs são identificados para preencher as lacunas.

Capítulo 6
O Continuum Corporativo

Este capítulo fornece uma introdução ao Continuum Corporativo. Os tópicos abordados incluem:
- Uma explicação do Continuum Corporativo e de seu propósito
- O uso do Continuum Corporativo no desenvolvimento de uma arquitetura corporativa
- Uma visão geral das características para classificar e particionar arquiteturas
- Uma visão geral de um framework estrutural para um Repositório de Arquitetura

6.1 Visão Geral do Continuum Corporativo

O Continuum Corporativo, mostrado na Figura 16, fornece um modelo para estruturar um repositório "virtual" e fornece métodos para a classificação de artefatos de arquitetura e de solução, mostrando como diferentes artefatos evoluem e como eles podem ser reutilizados. Ele é populado com ativos de arquitetura e suas possíveis soluções (modelos, padrões, descrições de arquitetura, etc.). Esses ativos e soluções podem ser extraídos a partir da corporação ou da indústria como um todo e usados na construção de arquiteturas.

Uma distinção é feita entre arquiteturas e suas possíveis soluções, criando assim um Continuum da Arquitetura e um Continuum de Solução. Conforme mostrado na Figura 16 a relação entre elas é de orientação e apoio.

O Continuum Corporativo oferece suporte a duas ideias gerais: reutilização sempre que possível, especialmente para evitar a reinvenção, e um auxílio à comunicação. Os ativos nos Continuum de Arquitetura e de Soluções são estruturados do genérico para o específico de modo a fornecer uma linguagem consistente para comunicar eficazmente as diferenças entre arquiteturas. O entendimento sobre de onde você está no continuum ajuda a todos se comunicarem de foram efetiva. O uso do Continuum Corporativo pode eliminar a ambiguidade na discussão de conceitos e itens entre diferentes departamentos dentro de uma mesma organização ou até entre diferentes organizações que estão construindo arquiteturas corporativas. Entender a arquitetura ajuda a compreender melhor a solução. Ser capaz de explicar o conceito geral por trás de uma solução facilita a compreensão de possíveis conflitos.

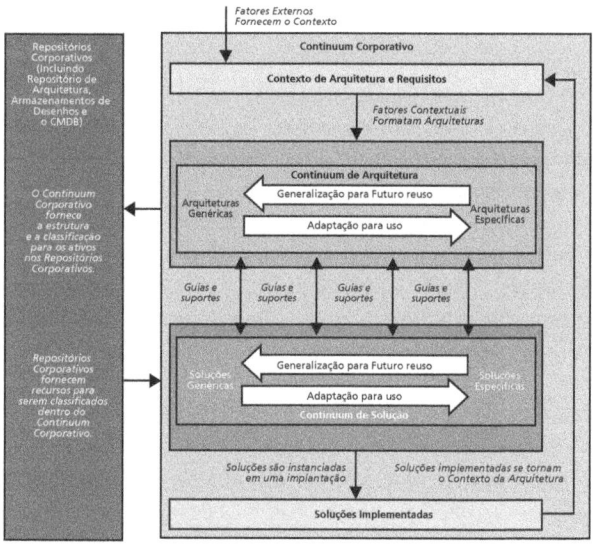

Figura 16: O Continuum Corporativo

Como a utilização do Continuum Corporativo é geralmente acompanhada por um aumento de ativos de arquitetura e solução associados, as organizações podem se beneficiar diretamente da reutilização.

6.1.1 O Continuum Corporativo e a Reutilização de Arquitetura

Exemplos de ativos "dentro da empresa" são os entregáveis do trabalho de arquitetura anterior, que estão disponíveis para reutilização. Os exemplos de ativos "no setor de TI em geral" são a grande variedade de modelos de referência da indústria e padrões de arquitetura que existem, e que emergem continuamente, incluindo aqueles que são altamente genéricos (tais como o Modelo de Referência Técnico do TOGAF (MRT)); aqueles específicos para certos aspectos de TI (tais como uma arquitetura de serviços da web); aqueles específicos para certos tipos de processamento de informações (tais como e-Commerce); e aqueles específicos para determinadas indústrias verticais (como o modelo de dados ARTS da indústria de varejo). A decisão de quais ativos de arquitetura uma organização específica considera parte de seu próprio Continuum Corporativo normalmente fará parte da função de governança da arquitetura geral da corporação em questão.

6.1.2 Usando o Continuum Corporativo no ADM

No ADM é descrito um processo de movimentação a partir da Arquitetura de Fundação para uma arquitetura específica da organização (ou um conjunto de arquiteturas). Esta Arquitetura de Fundação é uma descrição altamente genérica dos serviços e funções que fornecem a base na qual as arquiteturas específicas e Blocos de Construção de Arquitetura (BCAs) podem ser construídos mediante adição de ativos relevantes de arquitetura, componentes e blocos de construção do Continuum Corporativo. Em pontos relevantes ao longo do ADM, existem lembretes para considerar quais ativos de arquitetura o arquiteto deve usar. Além da Arquitetura de Fundação do TOGAF, o TOGAF fornece outro modelo de referência para consideração para a inclusão no Continuum Corporativo da organização: o Modelo de Referência de Infraestrutura de Informações Integradas (MR-III).

6.2 Particionamento da Arquitetura

As partições são usadas para simplificar o desenvolvimento e o gerenciamento da arquitetura corporativa. Partições se encontram na base da Governança de Arquitetura e se diferem pelos níveis e conceitos de organização do Continuum da Arquitetura.

Arquiteturas são particionadas por que:
- Arquiteturas de unidades organizacionais conflitam entre si.
- Diferentes equipes precisam trabalhar em diferentes elementos da arquitetura ao mesmo tempo e as partições permitem que grupos específicos de arquitetos possam ser proprietários e possam desenvolver segmentos específicos da arquitetura.
- A efetiva reutilização de arquitetura requer segmentos de arquitetura modular que podem ser tomados e incorporados nas arquiteturas e soluções mais amplas.

É impraticável apresentar um modelo definitivo de particionamento para arquitetura. Cada corporação deve adotar um modelo de particionamento que reflita seu próprio modo de funcionamento. O TOGAF inclui critérios de classificação que podem ser aplicados ao particionar arquiteturas, e orientações para atividades na Fase Preliminar do ADM para estabelecer uma partição.

Os passos da Fase Preliminar para suportar o particionamento da arquitetura são os seguintes:
- Determinar a estrutura de organização para a arquitetura dentro da corporação

- Determinar as responsabilidades de cada equipe de arquitetura estabelecida
- Determinar as relações entre as arquiteturas

Uma vez que a Fase Preliminar esteja completa, as equipes que conduzem a arquitetura devem ser reconhecidas. Cada equipe deve ter um escopo definido e as relações entre equipes e arquiteturas devem ser reconhecidas. A alocação de equipes para o escopo de arquitetura é ilustrada na Figura 17.

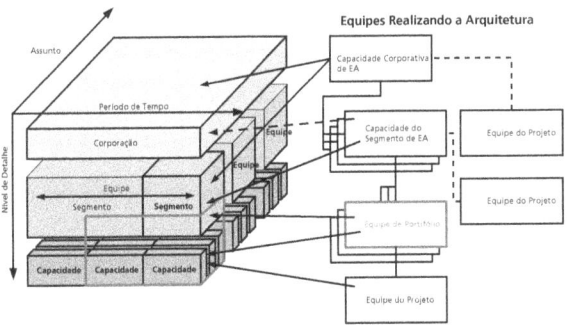

Figura 17: Alocação de Equipes para o Escopo de Arquitetura

6.3 Repositório de Arquitetura

Suportar o Continuum Corporativo é a ideia ou conceito do Repositório de Arquitetura, que pode ser usado para armazenar diferentes classes do resultado arquitetural em diferentes níveis de abstração, criados pelo ADM.

Por meio do Continuum Corporativo e do Repositório de Arquitetura, os arquitetos são incentivados a aproveitar todos os outros recursos de arquitetura relevantes ao desenvolver uma Arquitetura de Organização Específica.

Neste contexto, o ADM pode ser considerado como uma descrição de um ciclo de vida do processo que opera em vários níveis dentro da organização, operando dentro de um framework de governança holístico, produzindo saídas alinhadas que residem em um Repositório de Arquitetura. O Continuum Corporativo fornece um valioso contexto para a compreensão de modelos de arquitetura: ele mostra blocos de construção e relacionamentos entre eles, e as restrições e requisitos em um ciclo de desenvolvimento de arquitetura.

A estrutura do Repositório de Arquitetura do TOGAF é mostrada na Figura 18.

Os principais componentes dentro de um Repositório de Arquitetura são os seguintes:

- O **Metamodelo de Arquitetura** descreve o aplicativo organizacionalmente customizado de um framework de arquitetura, incluindo um metamodelo para conteúdo de arquitetura.
- A **Capacidade de Arquitetura** define os parâmetros, estruturas e processos que oferecem suporte a governança do Repositório de Arquitetura.
- O **Panorama de Arquitetura** mostra uma visão arquitetural dos blocos de construção que estão em uso na organização hoje (por exemplo, uma lista dos aplicativos em produção). É provável que o panorama exista em vários níveis de abstração para atender a diferentes objetivos de arquiteturas.
- A **Base de Informações de Padrões** (BIN) captura os padrões aos quais as novas arquiteturas devem obedecer; que podem incluir padrões da indústria, produtos e serviços selecionados de fornecedores, ou serviços compartilhados já implantados dentro da organização.

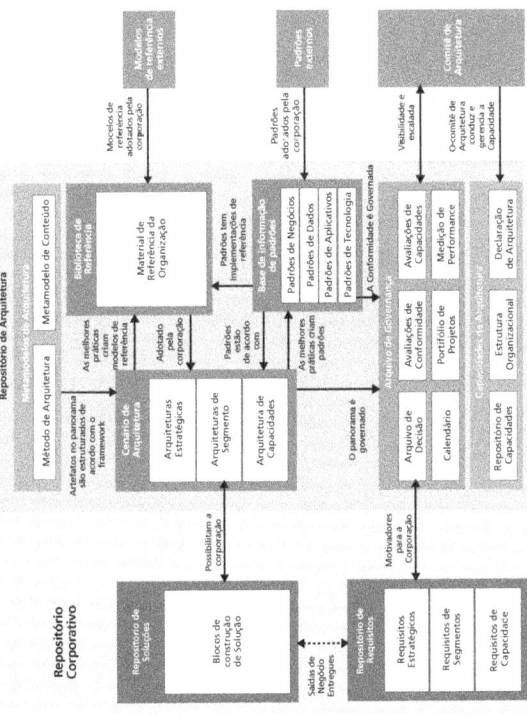

Figura 18: Estrutura do Repositório de Arquitetura do TOGAF

- A **Biblioteca de Referência** fornece diretrizes, modelos, padrões e outras formas de material de referência que podem ser aproveitados para acelerar a criação de novas arquiteturas para a corporação.
- O **Registro de Governança** fornece um registro da atividade de governança em toda a corporação.

6.3.1 O Repositório Corporativo

O Repositório de Arquitetura é uma parte do mais amplo Repositório Corporativo. Enquanto o Repositório de Arquitetura contém informações sobre a arquitetura corporativa e artefatos associados, há um número considerável de repositórios corporativos que suportam a arquitetura. Estes incluem o Repositório de Requisitos que armazena requisitos e o Repositório de Soluções que armazena Blocos de Construção de Solução (BCSs).

Capítulo 7
Modelos de Referência do TOGAF

Este capítulo apresenta uma breve introdução aos Modelos de Referência do TOGAF.

7.1   Arquitetura de Fundação do TOGAF

A Arquitetura de Fundação do TOGAF é uma arquitetura que fornece uma base sobre a qual arquiteturas e componentes de arquitetura podem ser construídos. Esta Arquitetura de Fundação está incorporada no Modelo de Referência Técnica (MRT). O MRT é universalmente aplicável e, portanto, pode ser usado para construir qualquer arquitetura de sistema.

7.1.1 Modelo de Referência Técnica (MRT)

O MRT, mostrado na Figura 19, é um modelo e uma taxonomia de serviços de plataforma genérica. A taxonomia define a terminologia e fornece uma descrição coerente de seus componentes. Sua finalidade é dar uma descrição conceitual de um Sistema de Informação. E o modelo MRT é uma representação gráfica da taxonomia que atua como uma ajuda para entendimento.

7.2   Modelo de Referência de Infraestrutura de Informações Integrada (III-RM)

Considerando que a Arquitetura de Fundação descreve um típico ambiente de plataforma de aplicativo, o segundo modelo de referência incluído no Continuum Corporativo, o Modelo de Referência de Infraestrutura de Informações Integradas (III-RM), concentra-se no espaço de software aplicativo. O III-RM é uma "Arquitetura de Sistema Comum" nos termos do Continuum Corporativo.

O III-RM é mostrado na Figura 20 e é um subconjunto do MRT do TOGAF, em termos de escopo global, mas também expande certas partes do MRT, em especial dos aplicativos de negócio e partes dos aplicativos de infraestrutura.

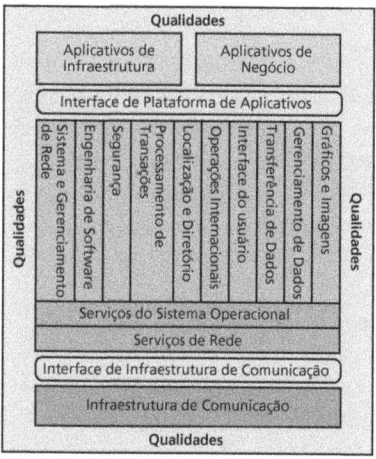

Figura 19: Modelo de Referência Técnico

O III-RM oferece ajuda para abordar um dos principais desafios encontrados pelo arquiteto corporativo de hoje: a necessidade de desenhar uma infraestrutura de informação integrada para possibilitar o Fluxo de Informação Sem Fronteiras (N. do T.: "Boundaryless Information Flow").

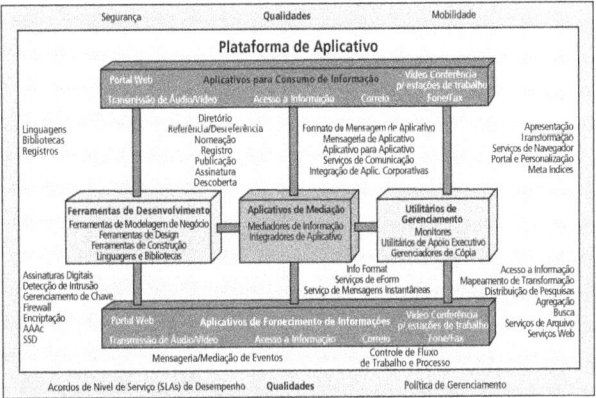

Figura 20: O III-RM em detalhes

Capítulo 8
Framework de Capacidade de Arquitetura

Este capítulo apresenta o Framework de Capacidade de Arquitetura. O TOGAF, Parte VII: Framework de Capacidade de Arquitetura fornece um conjunto de material de referência para explicar como se estabelece uma função de arquitetura dentro de uma corporação.

Um resumo do conteúdo do TOGAF, Parte VII é mostrado na Tabela 16. Uma estrutura geral para um Framework de Capacidade de Arquitetura é mostrada na Figura 21.

Capítulo	Descrição
Estabelecendo uma Capacidade de Arquitetura	Orientações para estabelecer uma Capacidade de Arquitetura dentro de uma empresa.
Comitê de Arquitetura	Orientações para estabelecer e operar um Comitê de Arquitetura Corporativo
Conformidade de Arquitetura	Orientações para garantir a conformidade do projeto à Arquitetura
Contratos de Arquitetura	Orientações para definir e utilizar Contratos de Arquitetura
Governança da Arquitetura	Framework e orientações para uma governança da arquitetura
Modelos de Maturidade de Arquitetura	Técnicas para avaliar e quantificar a maturidade de uma organização em arquitetura corporativa
Framework de Competências de Arquitetura	Um conjunto de papéis, competências e normas de experiência para o pessoal que trabalha com Arquitetura Corporativa.

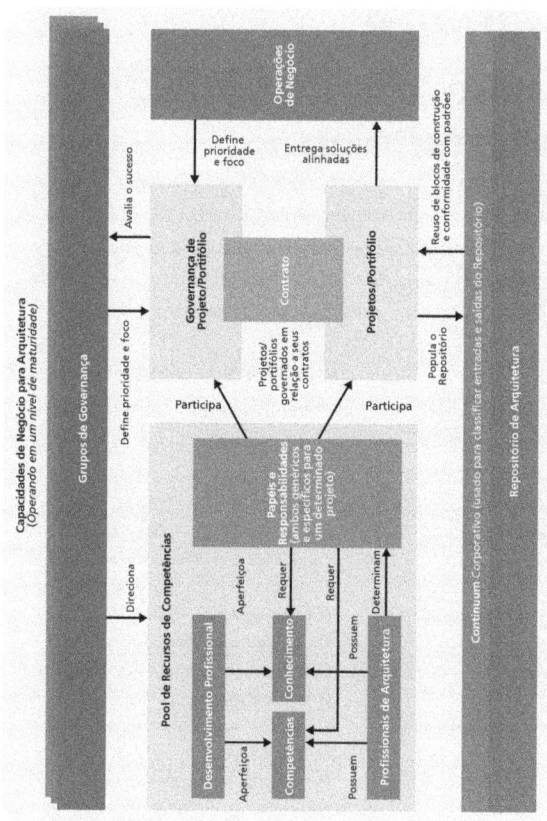

Figura 21: Framework de Capacidade de Arquitetura

8.1 Estabelecendo uma Capacidade de Arquitetura

A implementação de qualquer capacidade dentro de uma organização requer o desenho dos quatro domínios de arquitetura: Negócio, Dados, Aplicativo e Tecnologia. Instituir a prática da arquitetura dentro da organização, portanto, pede o desenho:

- Da Arquitetura de Negócio da prática de arquitetura, que destaca a governança da arquitetura, os processos de arquitetura, a estrutura organizacional da arquitetura, requisitos de informação da arquitetura, os produtos de arquitetura, etc.
- Da Arquitetura de Dados, que define a estrutura do Continuum Corporativo e a Arquitetura do Repositório da organização
- Da Arquitetura de Aplicativo, que especifica a funcionalidade e/ou serviços de aplicativo necessários para habilitar a prática da arquitetura
- Da Arquitetura de Tecnologia, que especifica os requisitos de infraestrutura da prática da arquitetura para suportar o aplicativo de arquitetura e o Continuum Corporativo.

8.2 Governança da Arquitetura

O Framework de Capacidade de Arquitetura contém um framework e orientações para a governança da arquitetura. A governança da arquitetura é a prática pela qual as arquiteturas corporativas e outras arquiteturas são gerenciadas e controladas em toda a corporação. Ela inclui o seguinte:

- Implementação de um sistema de controle sobre a criação e monitoramento de todos os componentes e atividades da arquitetura para assegurar a efetiva introdução, implementação e evolução das arquiteturas dentro de uma organização
- Implementação de um sistema para assegurar a conformidade com os padrões internos e externos e com as obrigações regulatórias

- Estabelecimento de processos que suportem a gerenciamento eficaz dos processos acima, dentro dos parâmetros acordados
- Estabelecimento e documentação de estruturas de decisão que influenciam a arquitetura corporativa, isto inclui as partes interessadas que fornecem informações para as decisões
- Desenvolvimento de práticas que garantam o compromisso de uma comunidade claramente identificável de partes interessadas, tanto dentro como fora da organização

8.3 Comitê de Arquitetura

Uma arquitetura corporativa é mais do que apenas os artefatos produzidos pela aplicação do processo do ADM. Fazer com que a organização aja de acordo com os princípios estabelecidos na arquitetura exige uma estrutura de tomada de decisão. O Framework de Capacidade de Arquitetura fornece um conjunto de orientações para o estabelecimento e o funcionamento de um Comitê de Arquitetura de uma corporação. Um Comitê de Arquitetura é responsável por itens operacionais e deve ser capaz de tomar decisões em situações de possível conflito e ser responsável pela tomada dessas decisões. Por conseguinte, deve ser uma representação de todas as partes interessadas chave na arquitetura e, normalmente, compreenderão um grupo de executivos responsável pela revisão e manutenção da arquitetura em geral. É importante que os membros do Comitê de Arquitetura cubram as áreas de arquitetura, de negócio e de gerenciamento do programa.

Questões para as quais o Comitê de Arquitetura pode ser compromissado e responsabilizado são:
- Fornecimento da base para todas as tomadas de decisões com relação às mudanças para as arquiteturas
- Consistência entre as sub-arquiteturas
- Identificação de componentes reutilizáveis

- Flexibilidade da arquitetura corporativa; para atender às necessidades de negócio e para utilizar novas tecnologias
- Garantia da conformidade da arquitetura
- Melhoria do nível de maturidade da disciplina de arquitetura dentro da organização
- Assegurar que o desenvolvimento baseado na disciplina da arquitetura seja adotado
- Suportar uma capacidade transparente de escalada para decisões de domínios externos

O Comitê de Arquitetura também é responsável por itens operacionais, tais como o monitoramento e controle de Contratos de Arquitetura (veja Seção 3.29), e para questões de Governança, tais como produção de material utilizável de governança.

São tarefas importantes:
- Atribuição de tarefas de arquitetura
- Formalmente aprovar produtos de arquitetura
- Resolver conflitos de arquitetura

8.4 Conformidade da Arquitetura

Usar arquitetura para estruturar o desenvolvimento de TI em uma organização implica que os projetos de TI devem cumprir o roteiro de arquitetura. Se isso não acontecer, então deve haver uma boa justificativa para isto.

Para determinar se este é ou não o caso, uma estratégia de Conformidade de Arquitetura deve ser adotada com medidas específicas para assegurar a conformidade com a Arquitetura. O Framework de Capacidade de Arquitetura inclui um conjunto de processos, orientações e uma lista de

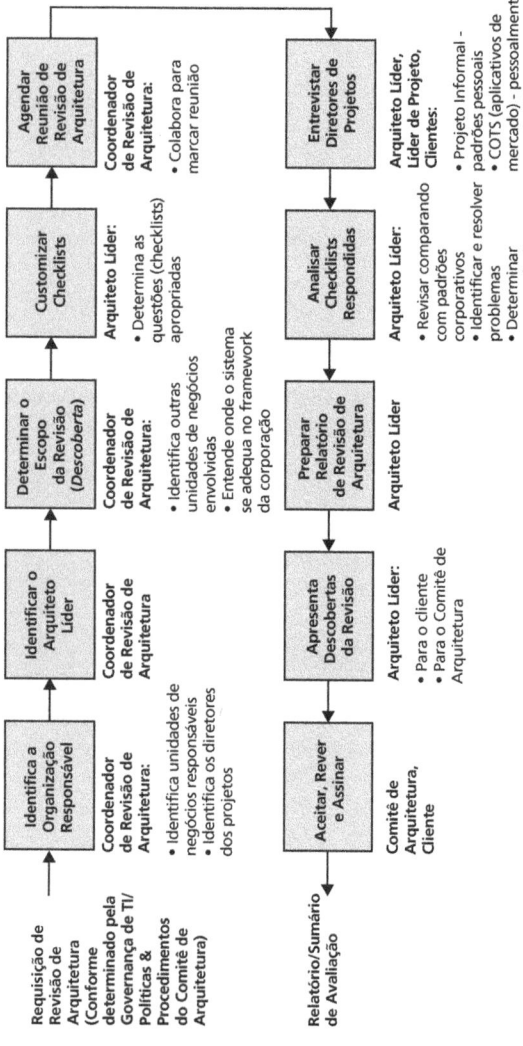

Figura 22: Processo de Revisão de Conformidade da Arquitetura

verificação para assegurar a conformidade do projeto para a Arquitetura, incluindo:
- Avaliações de Impacto de Projetos que ilustram como a arquitetura corporativa impacta os grandes projetos dentro de uma organização
- O processo de Revisão de Conformidade de Arquitetura (ver Figura 22), o qual é um processo formal para a revisão da conformidade de projetos para a arquitetura corporativa

8.5 Framework de Competências de Arquitetura

O Framework de Capacidade de Arquitetura fornece um conjunto de papéis, competências e normas sobre a experiência que a equipe que trabalhará com arquitetura corporativa deve possuir.

"Hoje em dia, Arquitetura Corporativa" e "Arquiteto Corporativo" são termos amplamente utilizados, mas mal definidos na indústria de TI. Eles são usados para designar uma variedade de práticas e competências aplicadas em uma ampla variedade de domínios de arquitetura. Há necessidade de uma melhor classificação para permitir uma mais completa compreensão de que tipo de arquitetura/arquiteto está sendo descrito.

Esta falta de uniformidade gera dificuldades para organizações que procuram recrutar ou atribuir/promover pessoal a fim de preencher posições no campo de arquitetura. Devido a diferentes usos dos termos há, muitas vezes, mal-entendidos e problemas de comunicação entre aqueles que procuram recrutar e aqueles que buscam preencher os vários papéis de um arquiteto.

O Framework de Competências de Arquitetura do TOGAF tenta abordar esta necessidade fornecendo definições das competências e níveis de proficiência necessários para o pessoal, interno ou externo, que executará os vários papéis na aruitetura dentro do framework TOGAF.

As categorias de competência incluem:
- Competências Genéricas, tipicamente compreendendo liderança, trabalho em equipe, capacidade de relacionamento interpessoal, etc
- Competência de Negócio & Métodos, tipicamente compreendendo casos de negócio, processos de negócio, planejamento estratégico, etc
- Competência de Arquitetura Corporativa, tipicamente compreendendo modelagem, desenho de blocos de construção, desenho de papéis e aplicativos, integração de sistemas, etc
- Competência de Gerenciamento de Projetos ou Programas, tipicamente compreendendo gerenciamento de mudança de negócio, métodos e ferramentas de gerenciamento de projetos, etc
- Competências Gerais de Conhecimento de TI, tipicamente compreendendo aplicativos de mediação, gerenciamento de ativos, planejamento de migração, ANSs(oSLAs), etc.
- Competências Técnicas de TI, tipicamente compreendendo engenharia de software, segurança, transferência de dados, gerenciamento de dados, etc
- Ambiente Legal, tipicamente compreendendo as leis de proteção a dados, legislação contratual, legislação sobre compras e vendas, fraudes, etc

Apêndice A: Resumo de Migração

Este apêndice contém informações de migração de alto nível - uma descrição resumida do que foi alterado no TOGAF 8.1.1, e também um resumo das alterações entre o TOGAF 9 e o TOGAF 9.1. Pressupõe-se aqui que os leitores estão familiarizados com o conteúdo do TOGAF 8.1.1.

A.1 Resumo das Alterações entre o TOGAF 8.1.1 e o TOGAF 9.1

	Capítulo Atual	Derivação do TOGAF 8.1.1
	Parte I: Introdução	
1	Introdução	Material revisado com base no Capítulo 1. Este capítulo revistado descreve a estrutura e fornece uma visão geral executiva da arquitetura corporativa e dos benefícios frente ao uso do TOGAF. Alguns dos conteúdos anteriores foram transferidos para os novos Capítulos 2 e 4.
2	Conceitos Fundamentais	Novo capítulo. Este novo capítulo introduz os conceitos fundamentais do TOGAF, o que é, o que é a arquitetura no contexto do TOGAF, que tipos de arquitetura são tratadas pelo TOGAF, o ADM. Ele apresenta conceitos chave, como entregáveis, artefatos e blocos de construção. Introduz ao Continuum Corporativo e Repositório de Arquitetura. Introduz o estabelecimento e funcionamento de uma Capacidade de Arquitetura Corporativa. Ele descreve as considerações para a utilização do TOGAF com outros frameworks.

	Capítulo Atual	Derivação do TOGAF 8.1.1
3	Definições	Derivado do Capítulo 36 reformulado em definições formais e abreviaturas. Este capítulo revisado contém os principais termos e definições. Outras definições complementares e abreviações foram movidas para apêndices separados.
4	Notas da Versão	Novo capítulo Este é um novo capítulo contendo informações sobre esta versão do documento. Ele contém uma visão geral do que é novo, os benefícios das mudanças e uma síntese do mapeamento da estrutura do documento a partir do TOGAF 8.1.1 para o TOGAF 9 e *vice-versa*. Ele também inclui informações sobre os termos e condições de utilização do TOGAF e onde baixá-lo.
Parte II: Método de Desenvolvimento da Arquitetura (ADM)		
5	Introdução	Material revisado com base no Capítulo 3 As alterações feitas neste capítulo são efetuadas para posicionar o ADM em relação ao Repositório de Arquitetura e à Parte III: Orientações e Técnicas do ADM. O conceito de versão de documentos é introduzido com um exemplo.
6	Fase Preliminar	Material revisado com base no Capítulo 4. A abordagem foi ampliada consideravelmente Para adicionalmente abordar a definição da corporação, motivadores e elementos chave para a organização, os requisitos para o trabalho de arquitetura, frameworks de gerenciamento e suas relações, como também aborda a maturidade da corporação. Existem hoje Passos explicitamente definidos que não existiam anteriormente.

	Capítulo Atual	Derivação do TOGAF 8.1.1
7	Fase A: Visão da Arquitetura	Material revisto com base no Capítulo 5. Os Cenários de Negócio são agora uma seção separada em Abordagem; anteriormente eles eram incluídos como uma subseção de Passos. Os Passos foram revisados para adicionar uma avaliação das Capacidades de Negócio, Prontidão para Transformação do Negócio, definição de Proposições de Valor da Arquitetura Alvo, KPIs, e identificação de Riscos de Transformação do Negócio e Atividades de Mitigação. As Entradas e Saídas foram reorganizadas para atender aos entregáveis
8	Fase B: Arquitetura de Negócio	Material revisto com base no Capítulo 6. A abordagem foi revista para discutir o Repositório de Arquitetura em vez do Continuum Corporativo. A descrição da técnica de Análise de Diferenças foi movida para a Parte III: Orientações e Técnicas do ADM. Uma sequência de revisão dos Passos foi introduzida. Esta mesma sequência de passos foi utilizada nas Fases C e D. As Entradas e Saídas foram reorganizadas para atender aos entregáveis Uma diferença fundamental é a introdução de dois documentos repositórios: o Documento de Definição de Arquitetura e a Especificação de Requisitos de Arquitetura.
9	Fase C: Arquitetura de Sistemas de Informação	Material revisado com base no Capítulo 7. As Entradas e as Saídas foram reorganizadas para atender aos entregáveis.

	Capítulo Atual	Derivação do TOGAF 8.1.1
10	Fase C: Arquitetura de Dados	Material revisado com base no Capítulo 8. Em Abordagem: a referência ao Continuum Corporativo foi substituída pelo Repositório de Arquitetura. A seção sobre Análise de Diferenças foi removida. A seção sobre as Principais Considerações sobre Arquitetura de Dados foi adicionada. Foi introduzida uma sequência de revisão dos Passos. Esta mesma sequência é também utilizada nas Fases B, C (Arquitetura de Aplicativo), e D. As Entradas e Saídas foram reorganizadas para atender aos entregáveis
11	Fase C: Arquitetura de Aplicativo	Material revisado com base no Capítulo 9. Em Abordagem: a referência ao Continuum Corporativo foi substituída pelo Repositório de Arquitetura. A seção sobre Análise de Diferenças foi removida. A sequência de revisões dos Passos foi introduzida. Esta mesma sequência é também utilizada nas Fases B, C (Arquitetura de Dados), e D. As Entradas e Saídas foram reorganizadas para atender aos entregáveis.
12	Fase D: Arquitetura de Tecnologia	Material revisado com base no Capítulo 10. Em Abordagem: a referência a Continuum Corporativo é substituída pelo Repositório de Arquitetura. Os Passos passaram por uma grande reorganização, e agora usam a mesma sequência também utilizada nas Fases B e C. As Entradas e Saídas foram reorganizadas para atender aos entregáveis
13	Fase E: Oportunidades e Soluções	Material revisado com base no Capítulo 11. Esta fase teve uma grande revisão para adicionar um extensivo detalhamento sobre a Abordagem e Passos para evoluir da Arquitetura Alvo identificada nas fases primeiras à implementação e criar um rascunho do Planejamento da Migração e Implementação. As Entradas e Saídas foram reorganizadas para atender aos entregáveis

	Capítulo Atual	Derivação do TOGAF 8.1.1
14	Fase F: Planejamento da Migração	Material revisado com base no Capítulo 12. Esta fase teve uma grande revisão para adicionar um extensivo detalhamento sobre uma Abordagem e Passos para finalizar o Planejamento de Migração e Implementação identificados na Fase E. As Entradas e Saídas foram reorganizadas para atender aos entregáveis
15	Fase G: Governança de Implementação	Material revisado com base no Capítulo 13. Os Objetivos foram reescritos e adicionados para enfatizar o aspecto de governança da fase. A abordagem foi atualizada para incluir Realização do Valor do Negócio. Os Passos foram amplamente revisados para incluir a confirmação do escopo para implantação com o gerenciamento de desenvolvimento, identificação de recursos e competências de implantação, desenvolvimento de orientação para a implantação de soluções, revisões de conformidade, implementação de operações e uma revisão de pós-implementação.
16	Fase H: Gerenciamento de Mudança de Arquitetura	Material revisado com base no Capítulo 14 Os Objetivos foram retrabalhados e incluído "maximizando o valor do negócio". A Abordagem é ampliada para incluir o monitoramento do negócio e o gerenciamento de capacidade. Os Passos foram submetidos a uma grande revisão e, adicionalmente, incluem o estabelecimento do processo de realização de valor, a implantação de ferramentas de monitoramento, o gerenciamento de riscos, a análise de mudança e o desenvolvimento de requisitos de mudança para cumprir as metas de desempenho.
17	Gerenciamento de Requisitos de Arquitetura do ADM	Nenhuma mudança no material; mapeia para o Capítulo 15 As Entradas e Saídas foram reorganizadas para atender aos entregáveis

Capítulo Atual	Derivação do TOGAF 8.1.1
Parte III: Orientações e Técnicas do ADM	
18 Introdução	Novo capítulo Esta nova parte foi fornecida para dar suporte à aplicação do ADM.
19 Aplicando Iteração ao ADM	Novo capítulo Este capítulo descreve o conceito de iteração e mostra potenciais estratégias para a aplicação de conceitos iterativos para o ADM.
20 Aplicando o ADM através do Panorama da Arquitetura	Novo capítulo Este capítulo descreve a aplicação do ADM em todo o Panorama da Arquitetura.
21 Arquitetura de Segurança e o ADM	Novo capítulo derivado do "White Paper" de Segurança (W055) Este capítulo fornece considerações de segurança específicas para cada fase do ADM.
22 Usando o TOGAF para Definir e Governar SOAs	Novo capítulo Este capítulo descreve como o estilo da arquitetura SOA pode ser suportado pelo TOGAF.
23 Princípios de Arquitetura	Nenhuma mudança no material; mapeia para o Capítulo 29 Um novo exemplo de princípio de Orientação de Serviço para os Princípios de Negócio.
24 Gerenciamento das Partes Interessadas	Novo capítulo Este capítulo descreve a técnica de gerenciamento das partes interessadas, uma disciplina importante para os profissionais de arquitetura.
25 Padrões de Arquitetura	Nenhuma mudança de material; mapeia para Capítulo 28
26 Cenários de Negócio	Nenhuma mudança de material; mapeia para Capítulo 34
27 Análise de Diferenças (Gap Analysis)	Novo capítulo; derivado de Análise de Diferenças (Gap Analysis) Este capítulo foi introduzido para permitir que a técnica seja referenciada a partir das fases do ADM, e, portanto, reduzir a duplicação de texto.

	Capítulo Atual	Derivação do TOGAF 8.1.1
28	Técnicas de Planejamento da Migração	Novo capítulo Este capítulo descreve uma série de técnicas para apoiar as Fases E e F.
29	Requisitos de Interoperabilidade	Novo capítulo Este capítulo fornece orientações para o desenvolvimento de requisitos de interoperabilidade.
30	Avaliação da Prontidão para Transformação do Negócio	Novo capítulo Este capítulo descreve uma técnica para identificar problemas de transformação do negócio.
31	Gerenciamento de Risco	Novo capítulo Este capítulo descreve uma técnica para o gerenciamento de risco durante um projeto de transformação do negócio ou arquitetura.
32	Planejamento Baseado em Capacidades	Novo capítulo Este capítulo descreve uma técnica de planejamento baseado em capacidades
	Parte IV: Framework de Conteúdo de Arquitetura	
33	Introdução	Novo capítulo Esta nova parte do TOGAF aborda o conteúdo resultante de saídas, fornecendo um framework no qual se colocam os principais produtos de trabalho.
34	Metamodelo de Conteúdo	Novo capítulo Este capítulo fornece uma definição de um metamodelo de todos os tipos de blocos de construção dentro de uma arquitetura, mostrando como eles podem ser descritos e como eles se relacionam entre si.
35	Artefatos De Arquitetura	Derivado do Capítulo 31, adicionado de novo material Este capítulo foi revisado para abordar um conjunto atômico de produtos de trabalho criado no decorrer do ADM. Um diagrama para ilustrar os conceitos da norma ISO / IEC42010:2007 foi introduzido. Classes de pontos de vista foram definidos: catálogos, matrizes e diagramas. Pontos de vista de arquitetura foram adicionados.

	Capítulo Atual	Derivação do TOGAF 8.1.1
36	Entregáveis de Arquitetura	Revisado a partir do Capítulo 16 Uma significativa revisão dos entregáveis foi realizada. Uma tabela é fornecida mostrando onde os entregáveis são produzidos e consumidos dentro do ciclo do ADM. Uma diferença fundamental foi a introdução de dois documentos repositórios: o Documento de Definição de Arquitetura e a Especificação de Requisitos de Arquitetura.
37	Blocos de Construção	Revisado a partir do Capítulo 32 A descrição do processo de especificação de blocos de construção no ADM foi atualizada para coincidir com as alterações nos passos do ADM. A seção sobre os Níveis de Modelagem foi removida.
	Parte V: Continuum Corporativo e Ferramentas	
38	Introdução	Novo Capítulo
39	Continuum Corporativo	Derivado dos Capítulos 17 e 18 A explicação do Continuum Corporativo foi reescrita para explicar melhor a sua finalidade e contexto, incluindo sua relação com os repositórios corporativos. O termo "Arquiteturas da Organização" foi atualizado para "Arquiteturas Específicas da Organização" no diagrama do Continuum da Arquitetura. "Soluções para a Organização" foi atualizado para "Soluções Específicas para a Organização" no diagrama de Continuum de Soluções. Na descrição do Continuum da Arquitetura, o termo "Arquiteturas Corporativas" foi atualizado para "Arquiteturas Específicas da Organização". Na descrição do Continuum de Soluções, o termo "Soluções Corporativas" foi atualizado para "Soluções Específicas da Organização".
40	Particionamento de Arquiteturas	Novo capítulo Este capítulo descreve as várias características que podem ser usadas para classificar e, em seguida, particionar arquiteturas.

	Capítulo Atual	Derivação do TOGAF 8.1.1
41	Repositório de Arquitetura	Novo capítulo Este capítulo descreve como as classificações abstratas de arquitetura podem ser aplicadas a uma estrutura de repositório
42	Ferramentas para o Desenvolvimento da Arquitetura	Este capítulo foi tirado do Capítulo 38, porém substancialmente reduzido, pela remoção dos critérios de avaliação e orientações.
	Parte VI: Modelos de Referência do TOGAF	
43	Arquitetura de Fundação: Modelo de Referência Técnico (TRM)	Nenhuma mudança de material; mapeia para os Capítulos 19 e 20 A Taxonomia Detalhada da Plataforma é agora uma seção deste capítulo, em vez de ser um capítulo à parte.
44	Modelo de Referência de Infraestrutura de Informação Integrada	Nenhuma mudança de material; mapeia para o Capítulo 22
	Parte VII: Framework de Capacidade de Arquitetura	
45	Introdução	Novo Capítulo
46	Estabelecendo uma Capacidade de Arquitetura	Novo Capítulo Este capítulo descreve como usar o ADM para estabelecer uma prática de arquitetura dentro de uma organização.
47	Comitê de Arquitetura	Mínimo de alterações; mapeia para o Capítulo 23 Mudanças foram limitadas às atualizações editoriais menores.
48	Conformidade de Arquitetura	Mínimo de alterações; mapeia para o Capítulo 24 A seção de Avaliação de Impacto do Projeto (Fatias de Projeto) foi removida.

	Capítulo Atual	Derivação do TOGAF 8.1.1
49	Contratos de Arquitetura	Mínimo de alterações; mapeia para o Capítulo 25 Foi adicionado texto para associar mais este capítulo à Governança da Arquitetura. Em vez de listar o conteúdo da Declaração de Trabalho da Arquitetura, foi adicionada uma referência para a definição constante da Parte IV: Framework de Conteúdo de Arquitetura.
50	Governança da Arquitetura	Mínimo de alterações; mapeia para o Capítulo 26 Uma referência ao documento (N do T.: "paper") de mapeamento de TOGAF / COBIT do ITGI foi adicionada. Alguma reformulação editorial foi aplicada à seção Governança da Arquitetura na Prática.
51	Modelos de Maturidade de Arquitetura	O mínimo de alterações; mapeia para o Capítulo 27 Pequenas mudanças foram feitas para se referir à versão mais recente do ACMM.
52	Framework de Competências Pessoais	Algumas mudanças cosméticas; mapeia para o Capítulo 30 Referências à Arquitetura de TI foram substituídas por Arquitetura Corporativa.
Apêndices		
A	Glossário de Definições Suplementares	Derivado do Capítulo 36 Os termos e definições aqui fornecidos foram divididos a partir do glossário original, pois eles não são específicos para o TOGAF.
B	Abreviações	Derivado do Capítulo 36 Esta seção foi dividida a partir do glossário original.

A.2 Resumo das Alterações entre o TOGAF 9 e o TOGAF 9.1

1. O Modelo de Categorização de Documento foi removido (Capítulo 2).
2. Definições de termos onde o uso do TOGAF não é diferenciado a partir da definição comum do dicionário foram removidas (Capítulo 3).
3. As seções "Objetivos" das fases do ADM foram reformuladas para colocar foco nos objetivos reais, em vez das técnicas utilizadas na fase ou numa lista de passos (Capítulos 6-17).
4. Os possíveis artefatos (pontos de vista) para cada fase são agora listados na descrição dessa fase, não apenas na Parte IV, Artefatos de Arquitetura (Capítulos 6-14).
5. Textos duplicados em diversos locais foram substituídos com uma referência adequada:
   - Análise de Diferenças nas Fases B, C e D, agora referências à Parte III, Análise de Diferenças (Capítulos 8-12).
   - Gerenciamento de Requisitos em várias fases, agora referências à Parte II, Desenvolvimento de Requisitos na fase de Gerenciamento de Requisitos.
6. As descrições das Fases E e F foram reformuladas para igualar o nível de detalhe em outras fases do ADM (Capítulos 13 e 14).
7. Os usos da terminologia para a Arquitetura de Transição / Roteiro / Estratégia de Implementação foram esclarecidos, tornados mais consistentes (Capítulos 13, 14 e 36).
8. Textos introdutórios adicionais sobre estilos de arquitetura foram adicionados na Parte III, Introdução (Capítulo 18).
9. Os conceitos de níveis, iterações e partições foram esclarecidos e tornados consistentes. Isto inclui uma reorganização do material na Parte III, Aplicando Iteração para o ADM e Aplicando o ADM em todo o Panorama da Arquitetura, e Parte V, Particionamento da Arquitetura (Capítulos 19, 20 e 40)

10. Pequenas mudanças foram feitas para o capítulo de Arquitetura de Segurança (Parte III, Arquitetura e Segurança e o ADM) para ter consistência com o ADM (Capítulo 21).
11. O capítulo SOA (Parte III, Usando o TOGAF para Definir e Governar SOAs) foi atualizado para descrever os últimos resultados do Grupo de Trabalho de SOA (Capítulo 22).
12. Correções foram feitas nos diagramas de metamodelo e aspectos do metamodelo (Capítulo 34).
13. O uso do termo aplicativo *versus* sistema foi revisto e ganhou consistência.
14. Os termos artefato e ponto de vista foram esclarecidos e ganharam consistência. Isso inclui uma reestruturação da Parte IV, Artefatos de Arquitetura (Capítulo 35).
15. O exemplo de Blocos de Construção foi removido (Capítulo 37).
16. Alguns dos artefatos foram renomeados para refletir melhor o seu uso (Capítulo 35 e Capítulos 6-14):
    - Matriz de Sistema / Organização tornou-se matriz de Aplicativo / Organização
    - Matriz de Papel / Sistema tornou-se matriz de Papel / Aplicativo
    - Matriz de Sistema / Função tornou-se matriz de Aplicativo / Função
    - Diagrama de Realização de Processo / Sistema tornou-se diagrama de Realização de Processo / Aplicativo
    - Diagrama de Casos de Uso de Sistema tornou-se diagrama de Casos de Uso de Aplicativo
    - Matriz de Sistema / Tecnologia tornou-se matriz de Aplicativo / Tecnologia
    - Matriz de Aplicativo / Sistema tornou-se matriz de Papel / Aplicativo
17. A descrição de Princípios de Arquitetura agora é dividida em somente dois tipos - Corporativo e Arquitetura - enquanto antes eles eram chamados Princípios de TI separadamente. Princípios de TI

são agora vistos como apenas uma parte de Princípios Corporativos (Capítulo 23).

18. O Mapa das Partes Interessadas incluído no capítulo Gerenciamento das Partes Interessadas (Parte III, Gerenciamento das Partes Interessadas) é agora explicitamente referido como um exemplo, a tabela foi destacada para se referir às Preocupações das Partes Interessadas, e a lista de artefatos para cada parte interessada atualizada (Capítulo 24).

19. O capítulo de Cenários de Negócio (Parte III, Cenários de Negócio e Objetivos de Negócio) foi renomeado para Cenários de Negócio e Metas de Negócio para refletir melhor o conteúdo do capítulo (Capítulo 26).

20. A relação entre o Repositório Corporativo e o Repositório de Arquitetura foi esclarecida na Parte V, Repositório de Arquitetura (Capítulo 41).

21. Os Critérios de Avaliação e Orientações foram removidos da Parte V, Ferramentas para o Desenvolvimento de Arquitetura (Capítulo 42).

22. O capítulo sobre Modelos de Maturidade de Arquitetura (Parte VII, Modelos de Maturidade de Arquitetura) foi revisto editorialmente para ganhar consistência e clareza (Capítulo 51).

Glossário

Arquitetura
Arquitetura possui dois significados dependendo do contexto em que é utilizada:
1. Uma descrição formal de um sistema ou um planejamento detalhado do sistema, no nível de componentes, para orientar sua implementação.
2. A estrutura dos componentes, suas inter-relações e os princípios e orientações que regem seu desenho e evolução ao longo do tempo.

Arquitetura Alvo
A descrição de um estado futuro da arquitetura que está sendo desenvolvida para uma organização. Poderão existir vários estados futuros desenvolvidos como um roteiro para mostrar a evolução da arquitetura para um estado alvo.

Arquitetura de Aplicativos
Uma descrição da estrutura e da interação dos aplicativos como grupos de capacidades que fornecem funções chave para o negócio e gerenciam os ativos de dados.

Arquitetura de Capacidade
Uma descrição altamente detalhada da abordagem arquitetural para concretizar uma determinada solução ou aspecto da solução.

Arquitetura de Dados
A estrutura de ativos de dados lógicos e físicos de uma organização e recursos de gerenciamento de dados.

Arquitetura de Fundação
Blocos de construção genéricos, suas inter-relações, combinados com os princípios e orientações que fornecem uma base sobre a qual arquiteturas mais específicas podem ser construídas.

Arquitetura de Linha de Base
A arquitetura de sistema existente antes do início de um ciclo de revisão e redesenho de arquitetura.

Arquitetura de Negócio
A estratégia, governança, organização do negócio e informação de processos chave de negócio, bem como as interações entre estes conceitos.

Arquitetura de Segmento
Uma descrição detalhada e formal de áreas dentro de uma corporação, usada no nível de programa ou portfólio para organizar e alinhar as atividades de mudanças.

Arquitetura de Solução
Uma descrição de uma operação ou atividade de negócio distinta e focada e como o Sistema de Informação/TI suporta essa operação. Uma Arquitetura de Solução aplica-se tipicamente a um único projeto ou a uma versão de projeto, auxiliando na tradução dos requisitos para uma visão (desenho) de solução, especificações de alto nível de negócio e/ou sistemas de TI, e um portfólio de tarefas de implementação.

Arquitetura de Tecnologia
Uma descrição da estrutura e da interação da plataforma de serviços, e componentes lógicos e físicos de tecnologia.

Arquitetura de Transição
Uma descrição formal de um estado da arquitetura em um ponto arquitetural significativo no tempo. Uma ou mais Arquiteturas de Transição podem ser usadas para descrever a progressão no tempo da Arquitetura de Linha de Base à Arquitetura Alvo.

Arquitetura Orientada a Serviços (SOA)
Um estilo de arquitetura que suporta a orientação a serviços. Ele tem as seguintes características particulares:
- Baseia-se no desenho de serviços - que espelha as atividades de negócio do mundo real - que inclui os processos de negócio corporativos (ou intercorporativos).
- A representação de serviço utiliza descrições de negócio para fornecer contexto (ou seja, processo de negócio, meta, regra, política, interface de serviço e componente de serviço) e implementa serviços usando a orquestração deles.
- Coloca requisitos exclusivos na infraestrutura - recomenda-se que implementações usem padrões abertos para obter interoperabilidade e transparência na localização.
- Implementações são específicas ao ambiente - elas são restritas ou habilitadas pelo contexto e devem ser descritas neste contexto.
- Requer uma forte governança de representação de serviço e implementação.
- Requer um "Teste Decisivo" (Litmus Test), que determina um "bom serviço".

Bloco de Construção de Arquitetura (BCA)
Um componente do modelo de arquitetura que descreve um único aspecto do modelo global.

Bloco de Construção de Solução (BCS)
Uma solução pretendente que se adapta as especificações de um Bloco de Construção de Arquitetura (BCA)

Capacidade
Uma aptidão que uma organização, pessoa ou sistema possui. Capacidades são tipicamente expressas em termos gerais e de alto-nível, e tipicamente requerem uma combinação de organização, pessoas, processos e tecnologia para alcançá-la. Por exemplo, marketing, atendimento ao cliente, ou telemarketing.

Continuum Corporativo
Um mecanismo para classificar artefatos de arquitetura e de soluções, tanto internos como externos ao Repositório de Arquitetura, na medida em que evoluem de Arquiteturas de Fundação genéricas a Arquiteturas de Organização Específicas.

Continuum da Arquitetura
Uma parte do Continuum Corporativo. Um repositório de elementos de arquitetura cujo conteúdo se enriquece com mais detalhe e especialização. Este Continuum inicia-se com definições fundamentais, tais como modelos de referência, estratégias principais e blocos de construção básicos. A partir daí, se estende para Arquiteturas Setoriais (de Indústria) e para toda a arquitetura específica de uma organização.

Continuum de Soluções
Uma parte do Continuum Corporativo. Um repositório de soluções reutilizáveis para ser usados em implementações futuras. Contém as implementações das definições correspondentes no Continuum da Arquitetura.

Corporação
O nível mais alto (normalmente) de descrição de uma organização que tipicamente compreende todas as missões e funções. Uma corporação frequentemente compreende múltiplas organizações.

Diferença (Gap)
Uma declaração da diferença entre dois estados. Usado no contexto de análise da diferença (gap analysis) quando a diferença entre a Arquitetura de Linha de Base (atual) e a Arquitetura Alvo (futura) é identificada.

Framework de Arquitetura
Uma estrutura conceitual usada para desenvolver, implementar e manter uma arquitetura.

Gerenciamento de Riscos
O gerenciamento de riscos e problemas que podem ameaçar o sucesso da prática de arquitetura corporativa e sua capacidade de satisfazer a visão, metas e objetivos e, altamente relevante, sua prestação de serviços.

Governança
Processo de monitorar, gerenciar e orientar um negócio (ou panorama de Serviços de Informação/TI) para entregar os necessários resultados de negócio.

Incremento de Capacidade
Uma parte distinta de uma arquitetura de capacidade que entrega um valor específico. Quando todos os incrementos forem concluídos, a capacidade será concretizada.

Metamodelo
Um modelo que descreve como e com o que a arquitetura será descrita em uma forma estruturada.

Método de Desenvolvimento da Arquitetura (ADM)
O núcleo do TOGAF. Uma abordagem passo a passo para desenvolver e utilizar uma arquitetura corporativa.

Modelo de Referência Técnico (MRT)
Uma estrutura que possibilita que componentes de um sistema de informação sejam descritos de forma consistente.

Orientação a Serviços
Uma maneira de pensar em termos de serviços e desenvolvimento baseados em serviços e nos resultados dos serviços.

Pacote de Trabalho
Um conjunto de ações identificadas para alcançar um ou mais objetivos para o negócio. Um pacote de trabalho pode ser uma parte de um projeto, um projeto completo ou um programa.

Parte Interessada (Stakeholder)
Um indivíduo, equipe, ou organização (ou suas classes) com interesses ou preocupações relativas ao resultado da arquitetura. Diferentes partes interessadas com diferentes papéis terão preocupações diferentes.

Ponto de Vista
Uma definição da perspectiva a partir da qual uma visão é tomada. É uma especificação das convenções para construir e usar uma visão (muitas vezes por meio de um esquema apropriado ou modelo). Uma visão é o que você vê; um ponto de vista é de onde você está olhando – o ponto de vantagem ou a perspectiva é o que determina o que você vê.

Repositório
Um sistema que gerencia todos os dados de uma corporação, incluindo modelos de dados, de processos e outras informações corporativas. Portanto, os dados em um repositório são muito mais abrangentes do que em um dicionário de dados, o qual geralmente define apenas os dados que constituem um banco de dados.

Requisito
Uma declaração de necessidade de negócio que deve ser atendida por uma determinada arquitetura ou pacote de trabalho.

Visão
A representação de um conjunto de interesses e preocupações relacionados. Uma visão é o que é observado a partir de um ponto de vista. Uma visão da arquitetura pode ser representada por um modelo para demonstrar às partes interessadas suas áreas de interesse na arquitetura. Uma visão não necessariamente tem que ter natureza visual ou gráfica.

Enterprise Architecture: TOGAF®

TOGAF® Version 9.1 A Pocket Guide
This Pocket Guide summarizes TOGAF®, an Open Group Standard, which is a proven enterprise architecture methodology and framework used by the world's leading organizations to improve business efficiency.

ISBN 978 90 8753 678 7 (english edition)

TOGAF® 9 Certified Study Guide - 2nd Edition
The TOGAF 9 certification program is a knowledge-based certification program. It has two levels, leading to certification for TOGAF 9 Foundation and TOGAF 9 Certified, respectively.

ISBN 978 90 8753 680 0 (english edition)

TOGAF® 9 Foundation Study Guide 2nd Edition
This title is a Study Guide for TOGAF® 9 Foundation. It gives an overview of every learning objective for the TOGAF 9 Foundation Syllabus and in-depth coverage on preparing and taking the TOGAF 9 Part 1 Examination. It is specifically designed to help individuals prepare for certification.

ISBN 978 90 8753 681 7 (english edition)

TOGAF® Version 9.1
TOGAF®, an Open Group Standard, is a proven enterprise architecture methodology and framework used by the world's leading organizations to improve business efficiency.

ISBN 978 90 8753 679 4 (english edition)

www.vanharen.net

www.ingramcontent.com/pod-product-compliance
Ingram Content Group UK Ltd.
Pitfield, Milton Keynes, MK11 3LW, UK
UKHW021257180426
11947UKWH00015B/883